Invoca a tu ángel

Susana Woods

Invoca a tu ángel

Quiénes son los seres de luz y cómo obtener su ayuda

grijalbo

Woods, Susana
Invoca a tu ángel. - 2ª ed. – Buenos Aires : Grijalbo, 2004.
192 p. ; 20x14 cm.

ISBN 950-28-0305-1

1. Angelología I. Título
CDD 235.3

Primera edición: febrero de 2004
Segunda edición: abril de 2004

Invoca a tu ángel

Diseño de tapa y armado: Diego Linares

Humberto Iº 531, Buenos Aires.
www.edsudamericana.com.ar
ISBN 950-28-0305-1

Prólogo a la edición en inglés

Asistí a dos conferencias de Susana Woods; una en la Ciudad de Méjico, en español (su lengua materna) y otra en Miami, en inglés (su lengua paterna).

La primera vez fui invitado por un amigo mejicano, en cuya casa yo estaba alojado. La sala de conferencias no tardó en colmarse. Cuando llegó la hora de iniciación, una mujer menuda se incorporó desde la primera fila, dejó su asiento y subió al estrado. Era Susana Woods.

Recuerdo cuánto me impactó su llaneza, su sencilla manera de dirigirse al público y la emocionada respuesta que recibía de éste. Todo lo que decía sonaba tan cierto y esperanzador que era imposible no desear que la conferencia durase toda la noche. De hecho, se extendió una hora más de lo previsto. La gente recordaba cosas que le habían pasado y las compartía bajo una nueva perspectiva.

En la segunda oportunidad, mi visita no fue tan inocente. La esperé hasta el final de la conferencia cuyo título era, precisamente, el de este libro. La saludé y de inmediato le propuse escribirlo. Sonrió con cortesía.

—¿Para qué otra obra sobre ángeles? —preguntó—. Ustedes, los editores, ya han publicado libros, agendas, cartas...

—Pero ninguna de esas obras es suya —argumenté.

—Ni siquiera sé si se puede honestamente escribir un libro sobre el tema —continuó—. Todo lo que podría decirse al respecto lo digo aquí, en una charla de noventa minutos. ¡La esencia es tan simple! Redundar en ello sería oscurecerlo o falsearlo. Le agradezco de todos modos.

Yo estaba decidido a lograr mi propósito. No podía negarse. Era un simple libro de iniciación, tan sencillo y honesto como sus charlas. Me volvió a decir que no, balanceando la cabeza con la sonrisa más cordial del mundo. ¿Cómo insistir?

Pero un editor nunca se rinde. Meses después la encontré (digamos que por casualidad) en una reunión social. Allí volvió a mover de un lado a otro la cabeza, con una dulce sonrisa. Entonces ensayé un golpe bajo.

—No se niegue —le dije—; tal vez yo sea el ángel que viene a hacer que su mensaje llegue a mucha más gente.

Su sonrisa ahora tuvo un dejo de picardía.

—Usted edita demasiado como para ser un ángel.

Entonces yo sonreí, comprendiendo que debería posponer mi sueño una vez más.

Tres meses después llegaba un sobre marrón a mi oficina. Era el original de su libro. Venía de Canadá y, por lo que luego supe, allí terminó de escribirlo en un hotel y se acercó a enviarlo desde la oficina de correos, antes de asistir a una entrevista televisiva. Había una tarjeta adherida a las páginas impresas:

"Estimado señor: ya ve que su silencio pudo más que su insistencia. Estuve meditando sobre eso de llegar a más gente, y creo que no es mal propósito. Usted verá si estas palabras se adaptan a lo que deseaba recibir. Por lo pronto, es lo que yo pue-

do (y tal vez debo) escribir. No me consulte, corrija sin falsear. Si publica el libro, no lo llene de esos oscuros grabados de Doré: alguno esperará a su ángel con túnica y dejará pasar de largo al que venga con ropa de calle. El texto (y la responsabilidad) es ahora más suyo que mío, ya que tanto deseó tenerlo. Que sirva para que usted realmente quiera llegar a ser un ángel. Si se lo propone, Dios hará que lo sea para alguien".

Ni una mención a contrato alguno. Leí aquellas páginas de una sentada. Era precisamente lo que yo le había pedido. Una charla de amigos, donde uno tiene en claro cosas que ambos saben, pero que necesitan ser traídas a la luz por quien posee un espíritu menos atado a la razón.

Ahora el libro ya es una realidad y una esperanza. ¡Que los ángeles amparen su destino!

Gracias a Susana Woods y a usted, lector, por su confianza.

El editor

Introducción

Los ángeles, una revelación en mi vida

11

Quien se haya acercado a este libro pensando que su autora siempre estuvo en contacto con los ángeles o seres divinos, y que vivió sucesos sobrenaturales desde chica, se equivoca radicalmente.

Tal vez —hoy estoy segura de ello— por no tener la evolución espiritual necesaria para tal contacto, viví alejada de los seres de luz durante mucho tiempo. No era la mía una actitud de negación consciente ni menos de burla hacia quienes tenían esas creencias. Mi vida, en realidad, transcurría por otros carriles, más aferrada a lo concreto y racional. Creía que sólo ciertas personas, con dotes especiales, podían tener acceso a ese otro mundo extrasensible. Y yo no era parte de esas "ciertas" personas.

Nací en el seno de una familia católica que se podría calificar como "convencional", que bautizaba a sus hijos, los hacía tomar la comunión, pero no era practicante. No asistía frecuentemente a la iglesia y, a diferencia de mi madre, que reza y cree fervientemente en Dios, la Virgen y los ángeles desde que tengo memoria, mi padre, mis hermanos y yo simplemente éramos católicos "por tradición".

Recuerdo que, siendo yo pequeña, mi madre me hablaba del "Angelito de la Guarda" que me protegía cuando, de noche, la oscuridad me daba miedo. No tengo muy claros mis recuerdos de infancia; por lo tanto, les mentiría si les digo que le rezaba a mi ángel o sentía su compañía. Mi abuela materna me enseñó por esos años una oración para mi "angelito" y esa invocación, muy popular por otra parte, no sé por qué sí perduró en mi mente y en mi corazón:

Ángel de la Guarda,
dulce compañía,
no me desampares,
ni de noche ni de día.

Pasó el tiempo y, a medida que fui creciendo, me volqué cada vez más a un pensamiento racionalista y olvidé mi parte espiritual, al extremo de que todo aquello que escapaba a la percepción de mis sentidos me tenía sin cuidado. Un poco se me podía aplicar la frase tan común: "ver para creer".

Tal actitud podría llevar a pensar que cuando tuve que elegir una carrera me incliné por lo científico, como las Matemáticas, la Física o algo semejante. No: elegí la Literatura. Soy profesora de Letras desde hace casi treinta años. Y si bien esta opción me introdujo en el mundo de la fantasía y la imaginación, siempre tuve claro que esos mundos, los creados por los distintos autores, se esfumaban al terminar de leer una obra; yo volvía a mi vida racional con un enriquecimiento invalorable, pero que no cambiaba mi forma de ser.

Mi forma de ser empezó a cambiar cuando tuve una primera experiencia celestial muy fuerte, que hizo tambalear mi escala de valores y a partir de la cual comencé a transitar una nueva y más elevada vida. Cuando aún mi creencia en los ángeles era incipiente y tenía frecuentes recaídas en el escepticismo, volví a tener otra experiencia. Ésta me llevó a realizar una intensa investigación de todo el material que llegó a mis manos respecto de la existencia de los ángeles y a relacionarme con distintas personas que ya estaban en otra dimensión.

Como este cambio me llenó de una paz y una alegría de vivir que nunca antes había tenido, quiero compartir con ustedes mi experiencia. Por eso este libro va dirigido no sólo a quienes creen en los ángeles y se acercan a ellos, sino también, y muy especialmente, a los que, como yo lo hice, ignoran, niegan o reniegan de su existencia. Aunque las experiencias son únicas e intransferibles, tengo la esperanza de que la mía les pueda servir para cambiar y vivir sus vidas desde otra perspectiva.

Para que les quede aun más claro cuál era mi sentir y mis creencias en mi "vida anterior", sin mi contacto con los ángeles, les cuento que mi poeta favorito siempre había sido Rubén Darío, el nicaragüense creador del Modernismo. El poema suyo con el que más me identificaba era el titulado “Lo fatal”. Allí se traduce y se expresa con claridad la incertidumbre del ser humano ante su destino “incierto” en la Tierra. Se los recuerdo para que meditemos acerca de él:

Dichoso el árbol que es apenas sensitivo,
y más la piedra dura, porque ésta ya no siente,
pues no hay dolor más grande que el dolor de
ser vivo,
ni mayor pesadumbre que la vida consciente.

Ser, y no saber nada, y ser sin rumbo cierto,
y el temor de haber sido y un futuro terror
y el espanto seguro de estar mañana muerto,
y sufrir por la vida y por la sombra y por
lo que no conocemos y apenas sospechamos,
y la carne que tienta con sus frescos racimos,
y la tumba que aguarda con sus fúnebres ramos,
¡y no saber adónde vamos,
ni de dónde venimos!

(de *Cantos de vida y esperanza*).

¡Cuánta desesperanza y angustia traducen estos versos! Sin embargo, durante muchos años (no pocos alumnos me recuerdan por estos versos), compartí el sentir de Rubén Darío en cuanto a que el ser humano era, dentro de los reinos de la naturaleza, el que más padecía por tener conciencia de su finitud e ignorancia del sentido de la vida. El poeta habla de "temor", "terror", "espanto" , todos vocablos que denotan perturbaciones angustiosas del ánimo, por un riesgo real o imaginario. Todo ser humano le tiene miedo a lo desconocido; el origen de la vida, la vida misma y la muerte lo sumen en el desconcierto porque no son tangibles, no se pueden percibir de manera precisa.

Después de tener mi primera experiencia angelical y empezar a cambiar paulatinamente mis creencias, releí este poema, sentí conmiseración por su autor y me expliqué por qué había vivido tan mal. Evidentemente no pudo "creer" en algo más, no pudo "sentir" que existe algo más antes de la vida y algo más después de ella. De allí su desesperación, su grito desgarrador: *¡y no saber adónde vamos, / ni de dónde venimos!* y su triste final, ya que murió de cirrosis luego de una vida destrozada por el alcohol y los sufrimientos sentimentales y espirituales. Reconocí también que yo había sido Darío, de algún modo. En ese mismo momento agradecí a los ángeles su revelación, porque me permitieron salir del estrecho mundo de los sentidos y la razón para desarrollar mi espíritu y aprender a "ver" con los ojos del alma.

Ahora que conocen cuál era mi forma de pensar antes de mi primera experiencia podrán comprender mejor cómo reaccioné ante aquella y el lento camino que comencé a transitar a partir de entonces. Pero también comprenderán por qué guardé silencio durante tanto tiempo y resguardé lo vivido en mi fuero íntimo: por temor a que me consideraran alterada psíquicamente. Así empezó dentro de mí una lucha entre mi parte racional y mi parte espiritual. Finalmente, para mi salvación, triunfó lo espiritual y dejé de racionalizar todo para abrirme, espontáneamente, a otro mundo que se parece mucho a lo mágico, y en el que las "reglas" que rigen la "normalidad" se diluyen.

Quiero compartir con ustedes, mis posibles lectores, las dos experiencias celestiales que denominaría "iniciadoras" porque no fueron las únicas, sino las generadoras de mi transformación. Se las contaré en detalle con la intención de que cada uno de ustedes pueda o, por lo menos, trate de identificarse conmigo y revivirlas en toda su intensidad.

CAPÍTULO I

Mi primera experiencia angélica

Mi primera experiencia que entonces llamé "extrasensorial" (hoy sé con certeza que fue mi primer contacto con los ángeles, que no había sido el primero y que el término era inexacto, porque todo lo percibí de algún modo con los sentidos) se produjo después del casamiento de mi hermano. Como la mayoría de estos acontecimientos, todo fue alegría, risas, bailes, comida y deseos de felicidad. La noche del jueves, o mejor, la madrugada de ese viernes, que ahora siento tan lejano y tan cercano a la vez, terminó en plena dicha. Tanto los familiares como los amigos que asistimos a la iglesia y a la fiesta nos fuimos a descansar convencidos de que la pareja iniciaba una nueva vida, feliz y llena de proyectos e ilusiones. A las pocas horas tomarían el avión que los conduciría a un lugar paradisíaco, elegido por ambos, para pasar su luna de miel. ¿Quién podría tener un pensamiento negativo en esas circunstancias?

El primero en levantarse en casa el viernes fue mi padre que, como siempre, encendió la radio y se sentó a tomar su café negro acompañado por el cigarrillo que más disfrutaba, el primero de la mañana. Yo aún dormía. De pronto, desperté sobresaltada por los gritos de mi madre y mi hermana que corrían a la cocina siguiendo los pasos titubeantes de mi padre. Me bastó saltar de la cama y ver la palidez mortal de mi padre, los ojos desencajados de mi madre y el llanto de mi hermana para comprender que algo terrible estaba sucediendo.

No tardé en darme cuenta de qué era realmente ese "algo". La voz ronca y pausada del locutor del informativo me sacó de mi sopor y no necesité que nadie me explicara nada. El avión que debía llevar a mi hermano y a su flamante esposa de luna de miel se había estrellado. El cielo del Caribe suele ser diáfano, pero por efecto de una inesperada niebla, un ala había tocado la ladera de una montaña, minutos antes de alcanzar la cabecera de pista.

Lo que sucedió a continuación no lo recuerdo con detalles precisos, porque todo fue confusión. En mis imágenes reaparecen mi padre descompuesto, en la cama, y mi hermana llamando a un servicio de emergencias médicas. Yo sentí que una extraña rebeldía me hacía apretar los dientes. Cuando mi padre fue atendido y nos dijeron que no había necesidad de internarlo, mi madre y yo, las únicas que teníamos fuerzas para hacer algo, salimos a buscar datos concretos. Mi madre, con una entereza y fuerza espiritual únicas, seguramente sostenida por su Dios, su Virgen y sus ángeles, se dirigió a la agencia de turismo donde se había contratado el viaje. Yo, por mi parte, maldiciendo la vida, el destino e, incluso, a Dios que permitía esa desgracia, me encaminé hacia la oficina de la compañía de aviación.

Esta oficina distaba pocas cuadras de nuestro edificio, de manera tal que llegué inmediatamente, corriendo. Sin embargo, me encontré ya con un grupo vociferante, dentro y fuera de la oficina. Eran gente de todas las edades y unidas a las probables víctimas por distintos lazos: padres, hermanos, tíos, sobrinos, primos, amigos, todos sumidos en la misma desesperación, todos hermanados por una ilusión: que "su" familiar o amigo no estuviera en la lista de muertos o desaparecidos.

¿Cómo explicar lo que aconteció entonces? Entré, me abrí paso entre tantos brazos que se alzaban y bajaban con angustia, entre tantas caras mojadas por el llanto, entre tantos abrazos y caricias que intentaban fortalecer a los afectados. Casi como sonámbula, llegué hasta una señorita que, con el uniforme de la compañía, hacía esfuerzos inútiles por calmar a los que se le acercaban en busca de alguna información. Recuerdo su gesto de impotencia. ¿Cómo podía ella ayudar? Todos la atosigaban con preguntas y la joven, tratando de mantener su compostura, buscaba nombres y apellidos en una lista ajada de tanto ser revisada en vano.

Como pude, y con el resto de mis fuerzas, me acerqué y, con un hilo de voz, le pregunté por mi hermano y mi cuñada. Su respuesta me sonó amable a pesar de su agobio: "No tenemos ninguna información aún". Este adverbio, que uno emplea cotidianamente sin prestarle gran atención, me pareció cargado de una connotación distinta. "Aún": ¿qué significaba?, ¿que no los habían encontrado?, ¿que estaban heridos?, ¿que estaban muertos?

¡Dios!, las palabras no pueden expresar en toda su magnitud lo que experimenté. Mi ritmo cardíaco aumentó. Desesperada, sin saber qué hacer, me alejé y me senté, sola, en una silla en un rincón. No quería hablar con nadie, no quería ver ni oír nada. Tenía, además del dolor personal, la angustia de llegar a ser vocera de una desgracia ante mis pobres padres.

Caí en un estado de conmoción que nunca antes había experimentado. Y lo atribuí no sólo a la angustia de pensar en mi hermano muerto sino también al clima de pesar que se vivía allí dentro. Entonces percibí que me dolían las mandíbulas, de tanto apretar los dientes en señal de rebeldía contra quien disponía las cosas de esa manera. Me faltaba el aire. Sentía que me abandonaban las fuerzas.

Alcé la cabeza casi instintivamente, como buscando un cielo que me cobijara, y en ese instante "vi" una luz potente y dorada que, desde el techo, bajaba directamente hacia mi cabeza. Era clara pero no enceguecedora, e irradiaba destellos que yo "sentía" sobre mi cuerpo. Parpadeé una y otra vez; pensé que sufría un problema de irrigación sanguínea. Pero no. De repente me sentí verdaderamente fuera del entorno que momentos antes me alteraba; luego se alejó hasta desaparecer. Poco a poco, iba naciendo dentro de mí una paz, una calma desconocida, y me dejé llevar. Estaba como hipnotizada cuando "oí" una voz dulce que me dijo "están bien". Sólo esas dos palabras (aún hoy me conmuevo al recordarlas). Palabras milagrosas que me volvieron a la vida, me infundieron una rara certeza, porque a la vez no tenía ningún asidero "cierto".

En ese momento no pensé, no pude pensar qué era o había sido, porque desapareció rápidamente. Sólo sé que desaparecieron también mi llanto y mi congoja. Miré alrededor; nadie parecía haber notado nada. Y continué esperando, con los latidos del corazón cada vez más regulares, con renovadas fuerzas.

Pasó el tiempo, no puedo precisar cuántas horas, porque fueron varias; y yo seguía allí. Los empleados de la compañía continuaban informando, y a medida que lo iban haciendo, se producían distintas escenas: desde las más dramáticas ante la confirmación de una muerte, hasta las más conmovedoras ante el anuncio de que alguien había sobrevivido. Aparecía un empleado, se formaba un remolino a su alrededor y de nuevo la pesada espera. Pero, para mí, no había anuncio alguno. Yo me aferraba extrañamente al "anuncio" que, no por boca de un ser humano, ya había recibido.

Estaba recordando la luz y la voz, tratando de alejar el martilleo de mi razón, que todo lo escudriñaba, cuando a través de un micrófono oí que llamaban a algún familiar de... ¡y pronunciaron el nombre de mi hermano! Me paré como una autómata, me acerqué al señor que había hecho la llamada. "Tiene una comunicación telefónica", me dijo. ¿A quién se le podría ocurrir llamarme allí? ¿A algún funcionario portador de malas noticias? Titubeando entré a una pequeña oficina, tomé el auricular. Pronuncié un apagado "hola" y, ni bien lo hice, del otro lado del tubo la voz de mi hermano se atropellaba para decirme que estaban bien, que se habían quedado dormidos en el hotel, que habían perdido el vuelo y que los habían reubicado en otro posterior, que al arribar al aeropuerto de destino se habían enterado del accidente y que, imaginando lo que estaríamos padeciendo, él decidió llamar a la compañía desde la misma filial en el extranjero para que nos informaran lo sucedido. Sabían que, tanto la empresa de turismo como la compañía de aviación los tendrían incluidos en la lista de pasajeros del fatídico avión. Pueden imaginar mi llanto de alegría. “Hola, hola”, repetía mi hermano, pero yo tenía la garganta cerrada por la emoción, no podía hablar. Lo único que quise entonces fue correr de vuelta a casa para calmar a mi familia.

Bendije a Dios, bendije a mi hermano, le di un abrazo instintivo al empleado y salí del lugar riendo y llorando. No recuerdo el trayecto de vuelta. En segundos estaba subiendo al ascensor que me dejaría en el séptimo piso en el que vivíamos. Antes de llegar, escuché gritos, risas, aplausos no entendía nada. Cuando bajé, las puertas del departamento estaban abiertas; un grupo de jóvenes, compañeros de trabajo de mi hermano, ya habían llevado la buena nueva a mi familia. ¿Cómo se habían enterado?

Mi hermano, en ese entonces, era contador en un banco y, al conocerse el accidente, se habían comunicado vía télex y tuvieron la información al instante. Me uní al grupo, busqué con desesperación a mi padre que, ya casi repuesto, lloraba como un niño, abrazado a mi madre. Mi hermana salió a recibirme y, creyendo que yo no sabía nada, empezó a explicarme los hechos. Su ansiedad la hacía hablar y hablar entre risas y sollozos mientras me secaba las lágrimas que, como cataratas, salían de mis ojos. Por fin, le pude decir que yo ya sabía y que había hablado con nuestro hermano. Se produjo un silencio. "¿Cómo que hablaste con él?" Y, ante la sorpresa de todos, les conté, paso a paso, lo que había vivido en la oficina de la compañía de aviación. A pesar de que creí no obviar detalle alguno, me callé lo de la "aparición" con su "anuncio". ¿Por qué lo hice? Hoy lo sé exactamente: mi razón no me lo permitió y me obligó a hablar sólo de lo "concreto".

A los pocos días la pareja volvió del viaje. Fuimos a recibirlos al aeropuerto, tanto la familia como el grupo de amigos. No bastaban los abrazos, las caricias, las palabras para expresar nuestros sentimientos. Los comentarios que más recuerdo de parte de la gran mayoría eran: "¡Lo que es el destino!"; "¡no les había llegado la hora!" Mi madre fue la única que hizo referencia al Ángel de la Guarda. Y yo callé.

Cuando pasó el suficiente tiempo como para reacomodarnos a una vida nuevamente normal, empecé a meditar acerca de lo sucedido. Mis recuerdos se detenían en el momento de la "aparición" y del "anuncio". Mi parte racional intentaba, como siempre lo había hecho, encontrar explicaciones "lógicas", como por ejemplo que el estado de shock me había provocado una alucinación, que todo había sido producto de mi mente en desvarío, que se había apartado del lugar y de los hechos concretos como medida de protección, para que yo pudiera sobrellevar ese momento tan difícil. Otra parte de mí, la menos explorada, sentía que Dios, a través de sus mensajeros, los ángeles, se había hecho presente para aliviar mi dolor y anticiparme la buena noticia que, poco después, me llegaría con la voz totalmente humana de mi hermano. Guardé silencio respecto de esa primera manifestación por bastante tiempo. Hoy estoy segura de que fue en ese instante cuando comenzó a gestarse "el cambio" en lo profundo de mi ser.

CAPÍTULO II

Segundo encuentro celestial

Mi acercamiento definitivo a los ángeles

~ 35 ~

Como ya les anticipé, aunque no lo reconociera a viva voz, yo sabía que había tenido una experiencia que escapaba a lo ordinario. No me animaba a hablar con nadie, pero, a la vez, tenía la necesidad de compartir lo vivido. Un día decidí conversar al respecto con mi madre. Una expresión de júbilo iluminó su rostro.

Ella, que siempre fue creyente y trató, sin imposiciones, de transmitirnos su fe, me dijo que evidentemente los ángeles me estaban rondando y que debía prestarles atención. Incluso debía invocarlos, para que mi vida se enriqueciera y tuviera un sentido más profundo. Mi madre se preocupaba mucho por mi tendencia a vivir quejándome de todo, viendo las cosas que me pasaban desde un punto de vista negativo; siempre me advertía que podría terminar mal, que debía cambiar. Pero, como generalmente sucede, uno no hace caso y sigue en la misma postura.

Supongo que, ante la confianza que sintió depositada en ella (me conocía muy bien como para saber cuánto me había costado revelarle mi "secreto"), necesitó también abrirme su corazón. Así me contó sus propias experiencias. Sólo les voy a contar, por ahora, una que me impactó mucho en ese entonces, sobre todo por la insospechada afinidad con lo que a mí me había sucedido.

Con voz calma, mi madre me contó que estando embarazada de mi hermano (su primer hijo), un día le avisaron que su suegro estaba muy grave y que era urgente que viajaran a verlo. Mi padre estaba trabajando. Ella lo llamó al trabajo y le sugirió acompañarlo. Ante la decisión de mi padre de viajar solo, por el estado avanzado del embarazo, mi madre quedó sola, a la espera de noticias. Intuía, por la naturaleza de la llamada de mi tío, que no podían ser buenas.

La relación entre nuera y suegro era perfecta. Mi abuelo, su suegro, adoraba a esa mujercita linda, delicada y tierna que su hijo había elegido como compañera de viaje en esta vida. Realmente la quería como a la hija que no había podido tener.

Mi madre calculaba que alrededor de la medianoche mi padre llegaría a la casa de mis abuelos. Por lo tanto demoró en acostarse. Trató de entretenerse con la ropita del futuro bebé, caminó por el dormitorio acomodando lo ya acomodado; tratando, en definitiva, de calmar su ansiedad. Al fin se acostó. No se podía dormir, empezó a respirar profunda y pausadamente, intentó relajarse, entrecerró sus ojos, pero no se durmió.

Estaba en ese estado, entre la vigilia y el sueño, cuando sintió que sobre su hombro izquierdo se depositaba cariñosamente una mano, fría pero afectuosa. Percibió la mano de mi abuelo, que siempre había tenido la costumbre de acariciarla de esa manera. No se asustó, ni se alteró, pero tuvo la certeza de que mi papá acababa de enterarse de la muerte de su padre. Miró el reloj: las 0,15. No le quedaron dudas. A la mañana siguiente, muy temprano, mi padre la llamó y le dijo que después de medianoche, al llegar a la casa de sus padres, la gente apiñada en la entrada y algún llanto le confirmaron lo que él tanto temía.

¿Cómo interpretó mi madre lo que había vivido? Me explicó que, para ella, el alma de mi abuelo encarnada en un ángel, camino hacia otra vida, la había despedido como él lo hacía habitualmente, para consolarla porque no había podido ir a verlo.

Esta explicación me llenó de interrogantes: ¿acaso todos nos convertimos en ángeles al morir?, ¿sólo algunos pueden volver como mensajeros de Dios?, ¿todas las personas reciben la visita de los ángeles?, ¿aparecen los ángeles ante la inminencia de la muerte?

Aun luego de este relato, y a pesar de todo, mi transformación fue paulatina. Caía en frecuentes retrocesos, períodos en los cuales nuevamente la razón impedía mi apertura espiritual. Uno de esos períodos fue el que abarcó la enfermedad y muerte de mi padre. Durante los nueve meses que duró el cáncer que le arrebató la vida, me volví a rebelar contra los "seres superiores" y se debilitó mi fe.

En el transcurso de la enfermedad conocí al hombre que es actualmente mi esposo, me enamoré de él, y, como los dos ya no éramos niños, pensamos en casarnos. Edward fue el gran apoyo que necesitaba para sobrellevar el dolor de la próxima e irreparable pérdida. Yo pensaba que, por un lado, la vida me arrebataba al hombre que sin duda más me había querido y protegido. Por el otro, me unía a quien, si bien no reemplazaría ese afecto, ya me colmaba de amor y felicidad. ¡Qué casualidad!

¡Cuántas veces uno piensa que determinados hechos se producen como simples casualidades! A medida que me fui interiorizando sobre la existencia de los ángeles, ya sea a través de libros o por testimonios de personas que vivían comunicándose con ellos, comprendí que en esta vida *nada es casual*, todo tiene una conexión programada por el Ser Supremo.

Quiero llegar a contar mi segundo encuentro celestial. Éste se produjo a los cinco años de casada con Edward. Un día mi esposo volvió de trabajar totalmente descompuesto. Apenas le abrí la puerta de casa, me pidió que llamara a una emergencia médica. Así lo hice y, mientras esperábamos que ésta llegara, yo veía a Edward cada vez peor. Creí, en ese momento, que era un ataque de presión (es hipertenso). Sacando fuerzas de dónde podía, lo acariciaba y trataba de calmarlo. Por suerte, rápidamente llegaron los médicos y, con una urgencia que me hizo perder la poca calma que tenía, lo internaron dándome el diagnóstico: infarto severo.

Durante el traslado, uno de los profesionales me precisó la gravedad. Ante mi pregunta respondió con un movimiento de cabeza: sí, corría serios riesgos de morir. Otra vez la muerte me acosaba a través de quienes más quería. Y me volví a rebelar contra todo, porque un interrogante rebotaba en mi cabeza: *¿Por qué me pasa esto a mí?* Hoy he podido modificarlo y cuestionarme: *¿Por qué no a mí?* Noten el diferente enfoque con el que he aprendido a enfrentar las circunstancias que me toca vivir.

Mi esposo se recuperó y hoy continuamos juntos. Fue durante su internación cuando tuve la experiencia que necesitaba para, definitivamente, creer en que "algo" más rige nuestros destinos, encontrar en mi interior la parte angelical que todos tenemos y con la que debemos mantener una relación permanente y amistosa.

Estando Edward en Unidad Coronaria, y cuando salía lentamente de la gravedad inicial, contrajo una neumonía que otra vez agravó su estado. Tenía elevada fiebre y grandes dificultades para respirar. A pesar del respirador artificial, su debilitado corazón pendía de un hilo. Parada al lado de su cama, invoqué a mi Ángel de la Guarda y al suyo para que nos sacaran de tan difícil trance. Cuando me estaba por ir, lo besé, lo alenté con palabras que me nacían de una fe profunda que ahora sí me fortalecía y me convencía de que mi ser amado no me dejaría sola, ya que no habíamos tenido hijos. El horario de visita se terminaba. Ya, en la puerta, me di vuelta para sonreírle y, ¡oh sorpresa!, ¡qué imagen dulce y pacificadora tuve ante mis ojos!

Alrededor de su cama, moviéndose de un lado hacia el otro, danzando en el aire y cubriendo totalmente su cuerpo, desde la cabeza a los pies, "estaban" varios seres luminosos que, de pronto, formaban figuras antropomórficas y lo iluminaban con luces celestes y doradas. Me quedé paralizada y me sentí contagiada por la alegría que transmitían esas presencias celestiales que sólo yo pude percibir. Salí y le conté el hecho a mi madre que, como guardiana fiel, me acompañaba permanentemente.

Esa noche no dormí pero hablé con los ángeles, les agradecí su presencia y les pedí por la recuperación de Edward. Luego de un mes de internación y de una operación nada sencilla, mi esposo volvió a casa. Paulatinamente, recobró y recobramos el ritmo normal de nuestras vidas. Pero "mi" vida ya no era igual: había encontrado la llave que me permitiría abrir la puerta de mi desarrollo espiritual.

Decidí interiorizarme de todo lo relativo a la vida celestial, a la presencia de los ángeles y, como les dije anteriormente, empecé a buscar libros y más libros sobre el tema y , sobre todo, a no tener miedo de hablarlo con cuanta persona sintiera que podía hacerlo, sin importarme para nada si alguien pensaba que estaba loca. Yo sabía que no y que, por el contrario, tal vez había sido una locura el haber vivido tantos años alejada de ese "otro mundo". Sentía que debía recuperar el tiempo que había perdido aferrada a la postura del "ver para creer", que hoy me parece tan pobre y limitadora.

Pronto caí en la cuenta de que ante esta segunda manifestación divina, no había buscado ninguna explicación racional, como lo había hecho ante la primera. Comprendí que, por fin, mi alma estaba abierta y lista para posibilitarme el cambio que me llevó a ser otra persona.

En los capítulos siguientes les iré narrando lo que aprendí sobre los seres celestiales y cómo cambiaron mi vida. Dejé de ser quejosa, miro mi existencia y la de todos los que me rodean en forma positiva. Apelo permanentemente a los ángeles que me iluminan el camino que transito para cumplir con el destino que se me asignó en la Tierra. Así como pude hacerlo yo, todo aquel que lo desee con fervor lo podrá lograr también, sabiendo que no es fácil ni sencillo, que requiere de un esfuerzo grande rebelarse contra los prejuicios y frenos de la razón, pero que vale la pena realizarlo.

Tengo la necesidad de aclararles algo antes de hablarles de qué y quiénes son los ángeles. Como mi revelación llegó en circunstancias asociadas con la muerte, inicié mis investigaciones convencida de que los ángeles sólo se nos revelan ante la presencia de aquella, para ayudarnos a escaparle o para que la aceptemos con paz y tranquilidad. Imaginen mi sorpresa cuando fui descubriendo que los ángeles *siempre están con nosotros*, en todos los momentos de nuestra vida terrenal, enviándonos los más variados mensajes.

Descubrí también que yo había tenido muchos de esos mensajes a lo largo de mi vida pero que no les había prestado atención debido a la vorágine en la que estaba sumergida. Debí vivir lo que viví para poder captarlos. Como la muerte era el "enigma" que más me desestabilizaba y me causaba "espanto" (al igual que a Rubén Darío), sin duda los ángeles, cansados de que yo no los percibiera y no les prestara atención, acudieron a mí en las situaciones que les acabo de contar. Sabían que estaría receptiva y lograron su cometido. Hoy estoy con ellos y les agradezco cada mañana al despertar y cada noche antes de dormir. Hay siempre una presencia que me dice: "No desmayes, ¡soy tu ángel!"

CAPÍTULO III

¿Qué y quiénes son los ángeles?

Etimológicamente, la palabra "ángel" proviene del latín *angelus*, y éste a su vez del griego *angelos*, y significa mensajero. Se designa con ese nombre a todo espíritu celeste creado por Dios para cumplir con su ministerio. Más claramente, para colaborar con el Creador y ayudarlo a mantener su Obra, evitando su destrucción. Esta creencia no es reciente. Por el contrario, en todos los tiempos y latitudes, en todas las culturas y religiones (el judaísmo, el cristianismo, el islamismo, el zoroastrismo, por mencionar sólo las más difundidas), sus libros sagrados hablan de ángeles.

Incluso algunas religiones y filosofías creen que existe más de una clase de intermediarios espirituales entre los seres humanos y Dios (o como quiera denominárselo). Cada creencia tiene su explicación propia para los ángeles, de allí que existan tantas versiones acerca de cómo son y cómo se presentan ante los humanos, y de allí también el título de este capítulo: "qué" y "quiénes".

De acuerdo con mis investigaciones, los testimonios de quienes se contactaron con ellos y mis propias experiencias, los ángeles no siempre se presentan de la misma manera. Sus apariciones van desde una simple luz potente (dorada, azul, de un color indefinido y único), sin forma determinada, hasta una encarnación en un ser humano, como cualquiera de nosotros, que aparece, de súbito, ante alguien que necesita ayuda porque se encuentra en alguna encrucijada. Y, una vez cumplido su objetivo, desaparece de manera inexplicable y súbita como había aparecido.

Entre un extremo y otro existen tantas apariencias angelicales como seres humanos puedan percibirlas. Con alas, sin ellas, antropomórficos, con aureola. Pero, cualquiera sea su forma, constituyen *otra raza de seres inteligentes, conscientes, distintos de los humanos, mucho más antiguos y poderosos, más sabios y más evolucionados (...) que poseen su propia sociedad y valores, sus jerarquías y sus actividades. Están dotados de conciencia, voluntad y propósitos (...) para alcanzar objetivos,* según dice Eileen Elias Freeman, en su libro *Escucha a tus ángeles.*

Diana Cooper, en *Vislumbrando a tus ángeles*, nos dice:

—¿Qué son exactamente los ángeles? —pregunté.

Mi instructor angelical me dijo que los ángeles son seres espirituales superiores. Aclaró que la Fuente (o Dios) nombra a los ángeles como guías, protectores y asistentes de su Creación y los utiliza como mensajeros (...). Hay muy distintos tipos de ángeles, así como hay diferentes razas de humanos (...). Hay ángeles que se dedican a la sanación, otros a la paz y otros a promocionar el amor.

En ambas citas (y lo podríamos corroborar si hiciera otras, extractadas de cualquiera de las obras que estudié en mi "camino de conversión") notamos coincidencias. Por ejemplo, la de reconocer a los ángeles como seres superiores al humano, dotados de una gran inteligencia, distribuidos en distintas "jerarquías" y con "objetivos" claros y precisos como la sanación, la paz, el amor, entre otros.

Con respecto a las "jerarquías" de los ángeles, dedicaré a este tema el capítulo siguiente, por ser fundamental para todo aquel que quiera penetrar en el mundo angélico y comunicarse con sus ángeles.

El concepto de ángel constituye, como vimos, el común denominador de la mayoría de las religiones. Figura tanto en el Antiguo como en el Nuevo Testamento, en el Corán, en la Torah, entre los hindúes, quienes lo llaman "Devas"; entonces ¿por qué se duda tanto de su existencia?

La respuesta a este interrogante tiene que ver con la naturaleza humana y su tendencia a descreer de todo lo que excede el mundo material y sensible. Nadie mejor que yo para explicar esta postura del "ver para creer".

Los seres humanos vivimos en una vorágine, persiguiendo bienes materiales en una carrera alocada. Creemos fervientemente en los avances científicos y tecnológicos porque, nadie lo pone en duda, nos han ayudado, y lo seguirán haciendo, en muchos aspectos de nuestras vidas. Pero, también, esos avances nos han ido borrando o cubriendo nuestra capacidad innata para disciplinar el cuerpo físico a fin de liberar al espíritu. Poseemos riqueza material pero padecemos una alarmante pobreza espiritual.

Esta contraposición entre lo material y lo espiritual se ha hecho muy patente sobre el final de milenio (y se trasladó al que hemos iniciado), período en el que se fueron tergiversando todos los valores. El materialismo, el individualismo y el consumismo, como grandes depredadores, nos están destruyendo. Como Dios no quiere nuestra destrucción porque somos "su" creación, envía a sus ángeles para que nos "avisen" que estamos equivocando el camino. Ésta es la explicación sencilla a la pregunta de por qué, en las últimas décadas, se intensificó la revelación de los ángeles en la Tierra y la angelología está en su plenitud.

El "aviso" de los ángeles debe ser captado por los hombres y éstos, con su ayuda, desandar el camino equivocado y emprender el correcto. No esperemos que los ángeles enderecen lo que hemos torcido. No debemos olvidar que los humanos fuimos dotados del libre albedrío y, en consecuencia, obramos por reflexión y elección sin estar sujetos a condición alguna. Esta potestad que nos fue concedida en la creación explica la existencia del mal.

Los descreídos y escépticos (como yo, antes de mis experiencias celestiales), cuando escuchan hablar de "ángeles", "espíritus superiores", "mensajeros de Dios", inmediatamente fundamentan su escepticismo diciendo que, si en verdad existen los ángeles y la ayuda celestial, cómo es posible que haya guerras, muertes injustas (como la de un bebé), catástrofes y todas las desgracias que, diariamente, acontecen en este mundo. Éste es el punto clave en el que nos tenemos que detener a meditar: ¿qué hacemos cada uno de nosotros, día a día, por mejorar en primer lugar nuestras actitudes y, luego, por ayudar a cambiar lo malo que presenciamos a nuestro alrededor?

El primer paso para el cambio es, sin duda, la introspección, buscar dentro de nosotros la parte angelical, que algunos denominan *alma* y otros *espíritu*. Cualquiera sea el nombre que le apliquemos debemos descubrirla. Una vez descubierta, amarla, porque si no comenzamos por amarnos a nosotros mismos, mal podremos amar a los demás. Los ángeles son puro amor y se comunican para dárnoslo, pero sólo lo reciben quienes están receptivos.

Cuando algo malo o desagradable le sucede a alguien, ¿qué se dice con frecuencia? Si son católicos dirán "lo tenía merecido" o "lo está (Dios) poniendo a prueba". Si son hindúes, hablarán del *karma,* o sea que ese alguien está pagando o purgando algún acto negativo de su vida anterior. Pero es seguro que no se les ocurre buscar la verdad en su interior. Como ya lo he dicho, no es fácil penetrar en nuestro espíritu, para amarlo, desarrollarlo, hasta abrir las puertas a otras realidades.

La introspección va de la mano de la meditación. Les propongo que, como paso inicial, en el lento y progresivo camino del desarrollo espiritual, cada noche, al acostarse, se relajen todo lo que puedan y repasen las acciones realizadas durante el día. Indaguen ¿qué hicieron para su crecimiento interior?

No se frustren si, durante varias de estas meditaciones, descubren que no hicieron nada. Es normal. No están entrenados. Propónganse, al día siguiente, en forma consciente, llevar a cabo una acción, aunque sea *una sola*, que no tenga ninguna conexión con lo estrictamente material y que les provoque bienestar y alegría de vivir a ustedes mismos y al destinatario de tal acción. Si así lo hacen, un buen día descubrirán que inconscientemente están haciendo el bien, y que sus vidas ya tienen otra proyección: *dar amor*.

Como los ángeles son, precisamente, puro amor, no tardarán en comunicarse con ustedes, si es que no lo habían hecho antes, para ayudarlos a encontrar el camino. Y, a través de distintas señales, que ustedes pudieron atribuir a casualidades, les irán abriendo los ojos del alma. Como notarán, es mi experiencia personal la que me permite sugerirles esta práctica. Reitero:

Meditar durante la noche sobre nuestras acciones a favor del espíritu.

Proponernos al menos una buena acción diaria.

En este punto debo referirme a la fe. ¿Qué es la fe? Según el diccionario, la palabra "fe" viene del latín *Fides*. Es la primera de las tres virtudes teologales. La fe es la luz y el conocimiento sobrenatural. Con ella, sin ver ni tocar, se cree lo que Dios dice y la Iglesia propone. En su segunda acepción, "fe" significa el conjunto de creencias de alguien, de un grupo o de una multitud de personas. ¿Puede alguien carecer de creencias?

No. Todo ser humano cree en algo. Lo importante es poder creer en lo sobrenatural. Los ángeles, como mensajeros de nuestro Creador, nos van a ayudar a hacerlo. De mil maneras diferentes. Recordemos sus diversas apariencias de las que hablábamos al principio de este capítulo. Les contaré dos testimonios que les pueden servir para descubrir que ya tuvieron una comunicación con el "otro lado" (que, paradójicamente, está tanto adentro como afuera) y que no se han dado cuenta todavía.

Un señor, a quién conocí en un viaje a Méjico D.F., me contó que él tenía la creencia en un ser superior al que le atribuía su destino en la Tierra. Pero al mismo tiempo, este hombre sostenía que las exigencias de la vida cotidiana no le dejaban tiempo para rezar, ni meditar, ni crecer espiritualmente. Estaba convencido de que llevaba una vida medianamente normal y vivía complacido con ella. El dinero no le faltaba. Por el contrario, había hecho una respetable fortuna, lo que le aseguraba su porvenir y el de su familia.

Un día, mientras su esposa estaba en Jalisco, visitando a su madre, todo se trastornó. Su hijo menor, de tan sólo diez años, comenzó a tener fiebre alta. En primera instancia fue atendido en su domicilio por el médico de cabecera de la familia. Cuando llegaron las convulsiones, el chico fue internado de urgencia en un hospital. Al comienzo, los médicos no acertaban con el diagnóstico, para desesperación de su padre. El chico quedó inconsciente y los médicos dictaminaron ya sin duda alguna: meningitis aguda. Al pobre (y, sin embargo, rico) hombre lo invadió la desesperación. Más aún cuando los profesionales le comunicaron que si su hijo se salvaba (lo cual era bastante improbable), quedaría con serias secuelas.

Compungido, el hombre regresó a su casa para darse un baño y volver nuevamente al hospital. No tenía ánimo para conducir su automóvil, por lo cual lo dejó en el estacionamiento del hospital, tomó un taxi, llegó a su casa y lo hizo todo rapidísimo. Su esposa llamó, tal vez alertada por un presentimiento, pero él la calmó diciéndole que todo estaba muy bien. También les dijo a sus hijos mayores que siguieran su vida normal, que nada grave sucedía y que no quería que, al verlos junto a su cama, el chico sintiera que tenía algo malo. Al salir de nuevo rumbo al hospital y cuando levantaba su brazo para detener un nuevo taxi, escuchó una voz que lo llamaba por su nombre. Al darse vuelta, se encontró con un sacerdote, al que en principio no reconoció. Poco a poco, y con ayuda del otro, fue recordando. El ahora sacerdote era un antiguo compañero del colegio secundario, al que no había vuelto a ver desde que se habían graduado. Por lo tanto, ambos desconocían el camino que había tomado la vida del otro.

Después de un abrazo, el atribulado señor le contó su pesar por la situación de su hijo. El sacerdote lo calmó y le preguntó dónde estaba internado el pequeño. Le preguntó luego, no como sacerdote según le dijo, sino como amigo, cuánto hacía que no iba a una iglesia. El hombre volvió a argumentar la falta de tiempo. El sacerdote le dijo que todos los hospitales suelen tener una pequeña capilla; tal vez valdría la pena un esfuerzo de su voluntad para recogerse en ella y orar unos segundos. Volvieron a abrazarse y nuestro hombre partió sin demora. Llegó al hospital, vio que su hijo seguía estable y preguntó dónde estaba la capilla. La ubicó y allí se hincó de rodillas. Quedó largo rato implorando en silencio. Le parecía paradójico tener el tiempo para rezar una plegaria, ahora que el tiempo se había vuelto crítico para él. Hubiera querido que las imágenes santas le respondieran, le hicieran una señal de asentimiento, un leve ademán; pero las imágenes eran de yeso.

Esa noche, sin ser visto, el sacerdote fue a la sala de terapia intensiva. Se paró junto al pequeño, lo miró largamente y luego depositó su mano sobre la cabecita humedecida por la transpiración. La fiebre seguía altísima. El sacerdote permaneció allí unos instantes. Luego se retiró sin hablar con nadie.

A la mañana siguiente, el chico abrió los ojos. Ya no tenía fiebre. Los médicos no podían explicar lo sucedido. Pasaron los días y llegó la recuperación total, sin secuela alguna. Todos hablaron de "milagro". Cuando este hombre se enteró de que "esa" noche había estado un cura junto a su hijo, inmediatamente comprendió que su ex compañero, cumpliendo una misión angelical, lo había salvado.

Otra coincidencia. Después de cortar la comunicación y a kilómetros de allí, su esposa había estado orando; confiaba en la sinceridad de su esposo tanto como en su voluntad de protección, que le haría ocultar a los suyos cualquier inconveniente salvable. Por lo tanto, ella que era muy creyente, pidió al Cielo protección para su familia ante cualquier eventual adversidad. Esto se lo contó a su marido al regresar a su casa y enterarse de que ese chico, ahora rozagante, había estado en riesgo extremo.

A partir de aquel momento, el hombre no tuvo más dudas. Se comunica con los ángeles y les agradece, permanentemente, su intervención en la vida de su familia y en la de él mismo. No tiene vergüenza de admitir que cree en ellos y los invoca, con la falta de pudor de un niño. ¿No debemos acaso volvernos niños para entrar al Reino de los Cielos? Su fe se fortaleció después de aquella experiencia y, aunque le tocó vivir posteriormente otras situaciones difíciles, ya no se sintió solo ni desesperado: los ángeles estuvieron siempre reconfortándolo.

El otro testimonio es diametralmente distinto al que acabo de narrarles. Lo incluyo en esta parte porque revela otra "apariencia" de los ángeles. Me enteré de él por la propia protagonista, hoy colega mía (es profesora de Biología) en un colegio:

Vivian estaba a punto de recibirse de maestra cuando le dieron el tema para su práctica final: "El rosal". Debía desarrollarlo con chiquitos de seis años. No se le ocurría ninguna idea atractiva y que, a la vez, se adaptara a esa edad. Debía motivar a la clase y al mismo tiempo cumplir con objetivos pedagógicos o formativos ante la presencia de un observador que calificaría su accionar. Vivian pensaba sin resolverse por nada. Había tomado decenas de apuntes, sin que nada la convenciera del todo.

Así, llegó el día previo a la clase y ella no tenía resuelta la motivación. Dejó de desesperarse y se acostó porque tenía que levantarse temprano. Ya en la cama, se relajó y le pidió, en forma directa y clara, a su Ángel de la Guarda para que la sacara de ese atolladero. “No sólo para resolver mi problema, le dijo, sino para que también pueda encaminar a esos niños hacia el bien”. Y se fue durmiendo sin darse cuenta.

A la mañana siguiente, estando bien despierta y mientras desayunaba, toda una escena pasó por su mente. Se vio con su guardapolvo blanco, rodeada de aquellos pequeños, sus alumnos por un día, todos saliendo de la escuela rumbo al parque que estaba al frente. En él había un gran rosal que, por la estación, estaba totalmente florecido. Sus flores eran de un color rosa claro y los capullos competían en belleza con las corolas abiertas. Alrededor del rosal, y para protegerlo de posibles depredadores, había una verja de hierro. Vivian se vio haciendo tomar de las manos a los pequeños para formar una ronda alrededor del rosal. Ella señalaba las rosas y decía cosas que en ese momento Vivian no pudo precisar, pero la escena tuvo la nitidez de una película.

Vivian llegó a la escuela pasando por el parque. Allí estaba el rosal. Pidió autorización para realizar el ejercicio fuera del edificio y, por su buen historial como alumna, se lo permitieron. Cruzó al parque con los niños y con la observadora pedagógica a pocos metros, detrás de ellos. Llegaron hasta el rosal. Sin saber cómo, comenzó a hablar con ternura acerca del amor a la naturaleza, del cuidado de las plantas y del medio ambiente en general. Luego, les dijo a los niños que cuanto nos rodea se desarrolla mejor si depositamos en ello nuestro amor. Por eso los hizo formar en una ronda alrededor del rosal. Si ellos volcaban su amor como un agua de riego, cada día, al pasar hacia la escuela, verían ese rosal crecer con más fuerza y belleza. Y si en invierno lo veían seco, no tendrían que desalentarse. Los frutos del amor pueden no verse al principio, pero siempre llegan. "En invierno, les dijo, sus ojitos serán el sol". Debían confiar en que su mirada amorosa llegaría con un mensaje de ánimo hasta las raíces, con una fuerza superior a la de esa verja de hierro, que no haría ya falta un día, cuando todos aprendieran que el amor no hiere, no daña, no mata. Así, al caminar cada mañana hacia la escuela, verían cómo el objeto de su afecto pasaba momentos buenos y malos, pero siempre renacía por calor del amor. Ellos también eran pimpollos; sus padres y maestros eran los que los harían revitalizarse ante cada caída, con el sol de su amor. A partir de allí, los hizo responsables del rosal y se hizo responsable de que padres y maestros nutrieran a los niños con esa agua invisible pero vital. Los alumnos volvieron a clase, dibujaron, y demás está decir que sacó la más alta calificación. No les enseñó una letra: les enseñó un lenguaje para toda la vida: el del amor. Nada ni nadie, les aseguro, podrá convencer a Vivian de que no fue su Ángel de la Guarda quien le ayudó a concebir el plan e incluso inspiró sus palabras.

¡Ah!, otro dato curioso. Dos de los niños dibujaron otra persona junto al rosal. Uno lo hizo de traje blanco; el otro, con lo que parecía ser un uniforme de médico. Pero ambos lo ubicaron en el mismo lugar, junto a Vivian. Obviamente, no había allí nadie más. ¿O sí? Vivian pidió llevarse esos dibujos y los guarda como un tesoro incalculable.

¿Les parece cosa nimia el deseo de una muchacha que quiere graduarse de maestra? ¿ Les suena como algo minúsculo para invocar a un ángel? Siempre las preocupaciones de los demás nos resultan de menor valor que las nuestras. Pero hay seres a los que no.

Les recuerdo, como síntesis de este capítulo, que, para que los ángeles nos acompañen, tenemos que estar dispuestos. Para ello debemos abandonar toda actitud negativa que impida la concesión de lo que se pide, dejar de lado el pesimismo y no juzgar las cosas en su aspecto más desfavorable. Debemos desterrar el resentimiento, para no flaquear y perder fuerzas. Si lo logramos, afirmaremos nuestra fe y, en cualquier lugar y tiempo, se nos aparecerán nuestros ángeles, porque ellos son ubicuos y tienen la posibilidad de la sincronía. Si quieren dirigirse a nosotros, lo harán telepáticamente. Ésa puede ser su manera de comunicarse, sin intervención de agentes físicos conocidos, sin el concurso de los sentidos.

Pero si los hombres persisten en no desarrollar su espíritu, si siguen aferrados a sus estados de ánimo negativos, no deben esperar la visita de los ángeles. Ellos respetarán el libre albedrío y seguirán aguardando.

CAPÍTULO IV

Las jerarquías en el mundo angelical

En los capítulos precedentes he hablado, reiteradas veces, de nuestra parte angelical. También les he dicho que debemos rescatarla y "actualizarla" porque, a medida que los seres humanos (no todos) crecemos, la hacemos a un lado y damos prioridad a la razón y al intelecto. Los niños, en cambio, al ser más puros y estar más cerca del origen divino, tienen ese costado a flor de piel y por eso viven en constante comunión con los ángeles. Dos testimonios, que relataré a continuación, demuestran esta afirmación.

Mi esposo tenía un empleado muy creyente, sensible y practicante de su fe. Con su esposa había conformado un matrimonio armónico que se vio coronado con el nacimiento de un hermoso bebé. Una noche, cuando la criatura tenía tres años aproximadamente, los padres ya estaban dormidos, después de un agotador domingo en el campo. De pronto, despertaron ante un sonido proveniente de la habitación del pequeño. Eran la voz y la risita alegre del niño, y se sabe que la voz de un hijo, por débil que sea, suele despertar a los padres. Se levantaron y, presurosos, se dirigieron al cuarto. Encendieron la luz. ¿Con qué se encontraron? El niño estaba sentado en su cama, con una cara de felicidad absoluta y, al verlos, señaló con su dedito regordete hacia la ventana y les fue diciendo en su adorable media lengua: "Vino a visitarme", "estamos jugando", "me hace cosquillas". Ante la pregunta sorprendida de los padres respecto de quién estaba con él, el chiquito, con total naturalidad, les contestó: "Mi amigo dorado". Y agregó: "Ahora se fue porque llegaron ustedes". Se acostó y se quedó dormido con placidez. Los que no durmieron fueron sus padres.

Creo que todos, alguna vez, hemos visto a chicos de distintas edades hablar y jugar con sus "amigos invisibles". La mayoría cree que esos "amigos" son mero fruto de la imaginación infantil. Sin embargo, hay algo más. Los niños tienen el candor, la inocencia y la pureza de alma necesarios para compartir el mundo angelical. Se suele decir, también, que cuando un bebé sonríe mientras duerme está soñando con los angelitos. Esa comunión niños-ángeles explica hechos "milagrosos" acerca de los cuales hemos leído (y la prensa registra sólo un número de ellos); por ejemplo, que una criatura caiga de un octavo piso y sobreviva con apenas lesiones leves. ¡Cómo no creer que, en tales circunstancias, "el Angelito de la Guarda" puso sus manos en el suelo para recibirlo!

La segunda experiencia que les prometí me tiene como una de las protagonistas, junto con una alumna mía del primer curso de la escuela secundaria. Esta chica, de trece años, muy inocente y cándida para su edad, era un ser humano lleno de amor y dulzura. Y yo sentía que con ella teníamos una especial comunicación espiritual. Trataba por todos los medios de que no se me notara esa predilección porque, como profesora, debo relacionarme con todos los alumnos por igual. Dorothy Delgado, tal su nombre (y lo consigno así, completo, porque ella me lo autorizó, orgullosa de su "candidez" y de sus creencias), manifestaba graves dificultades de aprendizaje. Por más que yo hiciera ante su insuficiente rendimiento, lo único que me quedaba era explicarle nuevamente cada tema, prepararle tareas especiales, corregírselas, señalarle los errores, aclararle dudas. En fin, todo lo que hace un docente para tratar de sacar adelante a un alumno con problemas. Lo que no podía hacer, obviamente, era resolvérselos yo.

Así transcurrió el año escolar y, para mi frustración, hacia finales de aquél, Dorothy no había logrado avances significativos. En una edad en que los jóvenes suelen ser presuntuosos y orgullosos de sí, nuestra relación interpersonal era perfecta. En cada jornada de clase, sus ojos dulces me devolvían el amor que yo le brindaba. Si algún (o alguna) docente lee estas líneas, comprenderá a qué me refiero. Sobre el final del curso resolví que le tomaría una evaluación general, con temas desarrollados a lo largo de todo el año. Si le iba mal, no me quedaba otro remedio que reprobarla, con lo cual debería dar examen en verano. Se imaginan que esta posibilidad me desagradaba enormemente.

Llegó el día prefijado para la prueba, la hizo, la corregí y ¡oh, sorpresa!, la aprobó de manera más que aceptable, lo que en su caso particular era como decir "de manera brillante". Le devolví el trabajo y, delante de todos sus compañeros (que, con frecuencia, se burlaban de su ingenuidad e inocencia), la felicité y la puse como ejemplo de voluntad y tesón.

Faltaban dos días para terminar las clases, y el miércoles (nunca lo olvidaré), Dorothy me pidió conversar a solas. La llevé al salón de entrevistas y empezó a hablarme con cierto temor. Me contó que creía en los ángeles y que se había encomendado a ellos para que le fuera bien en el examen, porque no me quería defraudar. La noche anterior les había rogado una y otra vez. Primero me quedé sorprendida ante su confesión y luego, emocionada, le dije que yo la entendía mejor que nadie, porque también estaba en contacto con el mundo celestial. Hablamos largo rato sobre nuestros ángeles y comprendí el porqué de nuestra "comunicación especial". De esta experiencia guardo (como la maestra de la que les hablé en el capítulo anterior y como un tesoro) el dibujo que me regaló, hecho por ella. Allí, en una habitación, se encuentra una chica sentada ante un escritorio atiborrado de libros y cuadernos. Sobre su cabeza, en el aire, está suspendido un bello ángel, con alas enormes, con una túnica celeste, cabellos bien rubios y una gran aureola pintada de un amarillo intenso. El ángel parece cubrir y proteger a la chica. Dorothy suele visitarme de vez en cuando y solemos llamarnos, especialmente en Navidad. Lo que más me alegra es que, nunca, nada ni nadie la haya apartado de su camino espiritual.

Cuando sucedió este episodio con mi alumna, ya estaban muy avanzadas mis investigaciones sobre los ángeles, aunque no tenía en mente este libro. Pero sí llevaba un diario íntimo sobre mis experiencias y las relatadas por otros. Por lo tanto, en esa época me hallaba repasando y confirmando mis averiguaciones sobre las jerarquías en el mundo angélico.

En el capítulo anterior, en las transcripciones correspondientes a las obras de Eileen Elias Freeman y de Diana Cooper, se alude a la "propia sociedad y valores", "a las jerarquías" angélicas y a los "muy distintos tipos de ángeles" respectivamente. En nuestro mundo terrenal existen las jerarquías, que ordenan la sociedad para que ésta no sea un caos. Muchos desconocen que utilizamos cotidianamente esta palabra, "jerarquía", por extensión. En realidad, su primera acepción nos remite al mundo celestial: es el "orden entre los diversos coros de los ángeles".

¿Qué son los coros? Los coros, un total de nueve, son los espíritus angélicos que componen un orden alrededor de Dios. Las jerarquías angelicales han sido consideradas de distintas maneras por los estudiosos del tema y por las distintas religiones o creencias. Voy a enunciar las tres jerarquías en que están divididos los ángeles, según la tradición judeocristiana, siguiendo aquí un texto de Rubén Zamora, incluido en su libro *Descubre a tu ángel*.

La primera, cercana a vírgenes, santos y profetas, está compuesta por Serafines, Querubines y Tronos.

La segunda, más guerrera que intermediaria, está formada por Dominaciones, Virtudes y Potencias.

Y la tercera, la más cercana a Dios, cuenta entre sus filas a Principados, Arcángeles y Ángeles.

Sin duda, la segunda de estas jerarquías resulta la más desconocida para el común de la gente. De las otras dos, todos o casi todos tenemos nociones más o menos precisas. De todas maneras, y para que tengan mayor precisión en cuanto a cada jerarquía, vuelvo al libro de Diana Cooper mencionado en el capítulo IV. Nos dice la autora:

La orden superior de la jerarquía angelical son los Serafines, cuya esencia es el amor puro. Son las huestes del cielo. Constantemente están cantando las alabanzas al Creador (...) Dirigen la energía divina que emana desde la Fuente (...).

Los Querubines, los ángeles de la sabiduría, extienden esta luz inimaginable. Son los guardianes de las estrellas y del cielo.

Los Tronos cuidan y protegen a los planetas.

Este trío, los Serafines, los Querubines y los Tronos, recibe la iluminación directa de la Fuente y transforma la luz para que se pueda transmitir desde un nivel que permita ser aceptada en los órdenes inferiores al Universo.

Los Dominios son guardianes celestiales que supervisan aquellos reinos angelicales de nivel inferior a ellos (...) y aunque raramente se relacionan con los seres humanos, ayudan a hacer más fluido el pasaje entre lo espiritual y lo material. Las Virtudes son los ángeles que permiten que sucedan los milagros; los Poderes vigilan la conciencia de la humanidad.

Son muy pocos los que saben acerca de los Poderes. Sin embargo, alguna vez han oído hablar de los ángeles del nacimiento y de la muerte. Ellos son, precisamente, Poderes. El ángel del nacimiento nos cubre en el momento preciso de nacer, para que salgamos sanos y salvos del vientre materno. El ángel de la muerte aparece en el momento en que estamos por expirar y abandonar este mundo imperfecto para ayudarnos a traspasarlo e ingresar a la perfección. Este tema es tratado, con profundidad, en el capítulo IX, que alude a la muerte como inicio de otra vida.

Proseguimos con la caracterización de los espíritus bienaventurados. Diana Cooper se refiere a la tercera jerarquía de la siguiente manera:

Los Principados cuidan y protegen las ciudades, las naciones y cualquier estructura grande integrada por personas (...). Luego están los Arcángeles, quienes dirigen a los grupos de ángeles. Ellos supervisan proyectos enormes para la luz.

Desde el nivel inferior, los Ángeles (...) nos cuidan desde el nacimiento, pero también están disponibles para guiarnos y ayudarnos de muchas maneras si tan sólo se lo pedimos.

Es importante conocer y distinguir las distintas órdenes del mundo angélico para poder comunicarnos con él más fluidamente. También para invocar, de acuerdo con nuestras necesidades, al ser celestial correspondiente. Sin embargo, no debemos desesperar si no poseemos tal conocimiento (tampoco lo teníamos de niños). Cualquiera sea su jerarquía, todos los espíritus bienaventurados o seres celestiales cantan y alaban a Dios, lo obedecen y cumplen sus Mandatos.

Como decía anteriormente, los menos conocidos son los que conforman la segunda jerarquía, ya que los restantes han aparecido, en todos los tiempos, en estampas, grabados, relatos, leyendas y, en especial, en pinturas. Si observamos una pinacoteca en un museo, podremos comprobar que pintores de las más diversas épocas y corrientes pictóricas plasmaron sus propias visiones de los ángeles en sus obras. Apreciaremos desde angelitos con forma de bebés regordetes hasta halos de luces proyectados sobre seres o cosas mundanas.

Comencé este capítulo refiriéndome a los niños que, como los místicos, tienen un diálogo permanente y abierto con los espíritus celestiales. Mi madre solía contarme que yo, de pequeña, vivía jugando con mis "amigos invisibles", hablando, gesticulando, riendo, y que muchas veces abandonaba los juegos con mis hermanos de carne y hueso para conectarme con "mi otro mundo". Tal como lo expresé en el capítulo I, no recuerdo muy claramente los hechos de mi niñez, pero, obviamente, creo en la palabra de mi madre. Luego me aparté de esa magia de la infancia. Mi vida no fue fácil hasta que pude, con la ayuda de los ángeles, recobrar la fe incondicional de la niñez y utilizar el conocimiento adquirido con estudios y experiencias para encontrar la "luz" y la "plenitud".

Los niños no conocen de jerarquías, no saben si los arcángeles forman la primera, segunda o tercera orden, pero sí tienen una intensa vida espiritual.

Como cierre de este capítulo los invito a que rescaten al niño que todos llevamos dentro, que retornen a la alegría, la sinceridad, la sencillez, la ingenuidad y la pureza del ánimo que tuvimos cuando chicos. Miren el mundo con ojos de niño (ésos son los ojos del alma), maravíllense ante la obra del Ser Supremo y disfrútenla sin miedos. Ésta es la mejor forma de salir de la prisión de nuestros cuerpos y de liberar al espíritu. Los ángeles, no importa su jerarquía, acudirán de inmediato y ya no se apartarán. La vida de cada uno de ustedes se llenará de luz, se sentirán nuevamente niños y, como éstos, no estarán solos nunca más.

CAPÍTULO V

Los arcángeles

A menudo, la gente me pide precisiones. Quiere conocer y "definir" a los ángeles. Rechazando toda explicación que se base sólo en lo racional (lo que se opondría a mis convicciones y la esencia misma de la fe), trato de trasmitirles cuanto aprendí sobre ellos. Pero sólo los conocerán, insisto, cuando recuperen la mirada infantil. Y esto no es, como podría prever alguno, retroceder. Esto es avanzar.

De quienes más me piden que hable es de los arcángeles. Sabemos, de acuerdo con lo detallado en este mismo libro, que los arcángeles conforman, junto con los principados y los ángeles, la tercera jerarquía del mundo angelical. Son los seres bienaventurados, creados por el Ser Supremo para dirigir a los grupos de ángeles. Muchos son los arcángeles que existen en todo el Universo, sin embargo, los más vinculados a nuestro planeta son Miguel, Gabriel, Rafael y Uriel. La Biblia sólo menciona a los tres primeros. Yo les hablaré de los cuatro. Al final del capítulo incluiré una forma sencilla de invocarlos a ellos y a Jofiel, Chamuel y Zadkiel que, aunque menos conocidos y ausentes de muchas creencias, también acuden a nosotros para ayudarnos. Se invoca a cada uno en un día determinado de la semana y a través de una vela de color distinto en cada caso.

¿Quién, aunque no sea creyente, no ha escuchado hablar del anuncio que el arcángel Gabriel le hizo a la Virgen, con relación a que ella sería la madre del Salvador? ¿Sabían que este mismo arcángel le dictó el Corán a Mahoma, según la tradición musulmana?

En la Literatura existen diferentes obras en las que aparecen estos espíritus celestiales. No les voy a dar una clase literaria, sino que sólo acudiré a mi especialidad para brindarles un ejemplo. Para ello recurro a la obra que constituye la base de la Literatura Española: el *Poema de Mío Cid*, en cuyo Cantar I (titulado "El destierro del Cid"), podemos leer en el episodio 19:

Se acostó el Cid después de anochecido, durmió muy bien y tuvo un dulce sueño. Vino a él en visión el ángel Gabriel:

—Montad a caballo Cid, el buen Campeador; nunca cabalgó varón alguno con más suerte; todo lo tuyo saldrá bien mientras viváis.

Cuando despertó, el Cid se santiguó.

Esta escena se desarrolla con posterioridad a la orden impartida por el rey Alfonso VI, quien, mal informado por enemigos del Cid, envidiosos de su fama, lo destierra del reino de Castilla. El Cid no sólo debía abandonar su patria, sino también a su esposa e hijas. Muy apesadumbrado, acata lo dispuesto por su señor, al que guarda total lealtad, y se dispone a partir. La noche anterior a su abandono de las tierras de Castilla, la visión del arcángel le anticipa que todo le "saldrá" bien. El espíritu celestial lo calma y le da las fuerzas que necesita para la triste separación. Para los que desconozcan el *Poema...*, les aclaro que las palabras del ángel Gabriel se cumplen en su totalidad: el Cid retorna a sus tierras, coronado por el éxito, luego de derrotar a los moros y de ser perdonado por el rey.

El nombre Gabriel significa "Héroe de Dios", "Dios es mi fortaleza" o "la fuerza de Dios". Generalmente se lo asocia con los "anuncios", con el ángel que da las buenas noticias de Dios. Se hace presente ante cualquier situación que implique "creación" y "grandes cambios". Como la creación máxima que producen los seres humanos es la gestación de un hijo, se lo invoca, frecuentemente, ante la esterilidad conyugal. De todos los relatos celestiales que fui recopilando a lo largo de los años, seleccioné el siguiente para ilustrar la presencia del arcángel Gabriel. Se trata de una pareja radicada en Canadá; de ellos conservo, en mi escritorio, una fotografía familiar que me enviaron no hace mucho.

Ana llevaba cinco años de casada y, con su esposo, habían deseado un hijo desde el mismo momento en que se unieron en matrimonio. A pesar de su ferviente deseo, el bebé no llegaba. Acudieron a la medicina para averiguar si tenían algún problema que les impidiese procrear. Después de someterse los dos a los estudios pertinentes, los médicos les dijeron que no había nada grave en ninguno de ellos pero que, probablemente, los espermatozoides eran un tanto débiles y con poca movilidad como para fecundar el óvulo. Se desesperaron ante la posibilidad de no poder tener lo que más ansiaban en la vida. Hicieron varias consultas paralelas. Un día llegaron al consultorio de un médico que les había sido recomendado como el mejor, un maestro en su especialidad. Lo que no les aclararon fue cuál era esa especialidad: la fertilidad asistida.

Un poco expectantes y ya que estaban allí, ambos conversaron con el médico, le mostraron los estudios y análisis y, de inmediato, recibieron una clase sobre la inseminación artificial y su procedimiento. Ana, muy creyente, no estuvo de acuerdo en llevarla a cabo. Quería tener hijos, pero consideraba que si Dios no se los enviaba, por algo sería. No estaba dispuesta a suplantar, con ciencia, lo que para ella debía darse en forma natural. El esposo, en cambio, quería de cualquier manera ser padre, y no tenía los prejuicios de su mujer.

A partir de ese momento, Ana se sintió presionada por su marido y empezó a deprimirse. La pareja comenzó a debilitarse (siempre habían sido muy unidos) y ella presentía que, a medida que fuera pasando el tiempo, si su esposo no cambiaba de parecer, los problemas se irían agravando. Una noche, al regresar él del trabajo, le propuso a Ana que fueran juntos unos días a algún lugar apartado, en pleno contacto con la naturaleza, para que cada uno pudiera pensar en paz. Al regreso tomarían una decisión.

Partieron a la semana siguiente. Durante los días previos al viaje no hablaron del niño, ese ser aún no existente que, siendo lo más deseado, los estaba separando poco a poco. Alquilaron una cabaña chiquita en medio de un bosque bellísimo, desde el que se divisaba un lago de aguas azules y cristalinas. Un lugar ideal para la meditación y el reencuentro con uno mismo. Ana se levantaba muy temprano. Cuando asomaba el sol, se sentaba bajo un árbol y se ponía a meditar. Lograba así la paz que necesitaba para recobrar las fuerzas y la fe, debilitadas con lo sucedido.

Un día estaba en esa actitud cuando oyó como un susurro, proveniente de uno de los árboles. Elevó la mirada y allí vio una presencia que la deslumbró; entre las hojas, se le apareció un ángel. A esta altura de su relato, me sorprendió que ella no manifestara desconfianza de sus sentidos ni sorpresa alguna.

Ana se quedó paralizada y el ser celestial bajó hasta ella, le puso las manos en el vientre y le dijo: "Tu hijo llegará sano y salvo". Ella miró la luz que irradiaban esas manos y sintió un calor extraño en el mismo lugar donde había sido tocada. Luego el ángel desapareció.

En aquel momento, Ana no contó a nadie su experiencia. Retornaron del viaje y, para su sorpresa, su esposo le dijo que aceptaba su actitud, que no la obligaría a someterse a ningún tratamiento si ella no lo compartía. Vivirían el amor que se profesaban y no permitirían que el hecho de no tener un hijo los separara. Ana suspiró aliviada y le dio un larguísimo beso. Volvieron a sus rutinas en Toronto, la ciudad en que vivían desde hacía muchos años. Ana sentía que cada día amaba más a su esposo. ¿Cómo termina esta historia? Creo que ya lo saben.

A los cuatro meses del viaje, Ana fue al ginecólogo porque tenía un atraso importante. No pensó en el embarazo, pero los análisis se lo confirmaron. Hoy este matrimonio tiene tres hijos que son la felicidad absoluta de la pareja, cada vez más fortalecida.

Ana me confesó, al finalizar su historia, que ella siempre supo que la visión que había tenido era del arcángel Gabriel, porque sus permanentes ruegos lo habían acercado para permitirle cumplir su deseo y el de su esposo. Allí comprendí por qué no experimentó sorpresa ante una aparición que, de algún modo, ella estaba esperando.

El arcángel Gabriel nos asiste en nuestro nacimiento y aún desde antes, cuando estamos en el vientre materno. Nos indica e ilumina el camino a seguir. En cuanto a lo que les decía de que también nos protege y orienta en "los grandes cambios" significa que, ante cualquier crisis que padezcamos en nuestras vidas, podemos acudir a él. La palabra crisis significa "mutación" y toda mutación es una nueva vida, es como otro nacimiento. Vivimos en una época de permanente crisis y, casi a diario, se nos presentan opciones que pueden hacernos dudar con respecto a cuál es la más conveniente. No vacilen ante la disyuntiva, invoquen al arcángel Gabriel y estén convencidos de que él los orientará con respecto al camino correcto.

En la vida tenemos que padecer enfermedades tanto del cuerpo como del alma y de la mente. Es primordial mantener la mente sana, porque si está perturbada puede a su vez alterar el buen funcionamiento de nuestro organismo. Cada vez más se habla de "somatización", es decir, del volcar en nuestro cuerpo las enfermedades de la mente. Por eso es tan importante concentrarnos en pensamientos positivos y erradicar la negatividad, que aniquila las defensas orgánicas y abre el camino a la enfermedad.

Jessica, una cosmetóloga de Los Ángeles, perdió a su hijo en forma repentina y tuvo un inmediato trastorno psíquico. Fue a comienzos de los años 60. En esa época no era tan común la asistencia psiquiátrica ni psicológica, por lo que no se la trató de ninguna manera. Jessica se pasaba el día en la cama. Descuidó primero su trabajo (era maquilladora en un estudio de cine) y luego a sus otros hijos y a su esposo. No tenía deseos de vivir. Prácticamente no comía y, como era de esperar, bajó treinta kilos. Ella siempre había tenido fe en lo sobrenatural, pero la dura prueba que le había puesto Dios la superó. No permitía que nadie la ayudara. Sólo quería dejarse morir.

Una noche tuvo un sueño revelador. Soñó que se le aparecía el arcángel Rafael, en una visión tan nítida que le pareció real. Rafael no le hablaba, pero con un brazo la sostenía junto a él. Con el otro brazo sostenía una sombra de altura mediana, de contornos indefinidos, pero Jessica "supo" que era su hijo muerto. Esta sombra tenía una actitud de confiado abandono sobre el hombro de Rafael; parecía dormir en paz. Una paz similar inundó el pecho de Jessica, quien se daba cuenta de que estaba soñando y al mismo tiempo tenía tal sensación de bienestar que no quería despertar.

Al día siguiente, Jessica abandonó la cama, empezó a ocuparse de sus quehaceres domésticos y de su familia. Retornó a la cocina para preparar las ricas comidas que siempre la habían caracterizado. Volvió a comer con normalidad y, al poco tiempo, recuperó su peso normal. Volvió a trabajar en los mismos estudios de cine de antes de su enfermedad. Tuvo incluso fuerzas para sostener y alentar a su marido, quien al verla repuesta, se había “dado permiso” para decaer él mismo.

A partir de aquel sueño, tuvo otra visión acerca de la vida y la muerte. Visitó la iglesia con frecuencia y no dejó de agradecer la ayuda celestial que la sacó de su postración.

Rafael es, precisamente, el arcángel de la salud. Su nombre significa “Dios cura” o “el Resplandor que cura”. En la Biblia, Rafael se le aparece a Tobías para indicarle que debía mojar los ojos de su padre (que padecía de ceguera) con hiel de pez. Así lo hizo el patriarca hebreo y su padre recobró la vista.

Este arcángel sana tanto el cuerpo como la mente y el alma. Detrás de toda curación está su fuerza. También se lo considera el protector de la Medicina. Se sabe que ésta, a pesar de sus avances, aún tiene un largo camino para alcanzar su pleno desarrollo. Y la fe suele adelantársele en muchos tramos de ese camino.

Si nos sentimos enfermos física, mental o espiritualmente, debemos pedir la protección de Rafael. Él intercederá por nosotros ante Dios y nos enviará la curación deseada.

No caben dudas de que vivir en este mundo terrenal implica una permanente lucha contra los demás y contra nosotros mismos. Cuántas veces nos sucede que le contamos a alguien algún proyecto que tenemos prácticamente concretado, y esa persona, en quien depositamos nuestra confianza y felicidad, siente en lugar de alegría una profunda envidia. Su negatividad nos daña y el proyecto cae por tierra, sin explicación alguna. Otras actitudes devastadoras son la soberbia, la mentira, el engaño, la crueldad, el egoísmo, la ambición desmedida, el apego a lo material. Estas actitudes se encarnan en distintas personas con las que compartimos nuestro mundo imperfecto. Incluso nosotros, como seres imperfectos también, las padecemos y podemos dañar a otros. De allí que les hablaba de una lucha "contra los demás" y "contra nosotros mismos".

¿Quién nos auxilia y acompaña en esta lucha, dándonos el vigor y las fuerzas necesarias? El arcángel Miguel, considerado el "jefe de la milicia celestial". Tal como su nombre lo indica ("el que es como Dios"), se pone a nuestro lado para luchar junto a nosotros. Como limpia todos los pecados, nos libera de las posturas y actitudes mezquinas que puedan perjudicar a otros. A su vez, nos protege de la debilidad espiritual ajena.

En el arte y en las estampas se lo ha representado con casco y lanza de fuego, porque envía a las tinieblas a Satán o los espíritus del mal y, además, puede vencer a las fuerzas infernales.

Cuando tememos a lo desconocido o a lo malo, nos debilitamos. Acudamos, entonces, a Miguel Arcángel para que nos fortalezca y nos permita sobrevivir esas circunstancias. Él nos ayudará a descubrir nuestras propias fuerzas que, aunque parezcan inexistentes, están dentro de nosotros. Tenemos una fortaleza interior que sólo se nos revela cuando desarrollamos nuestro espíritu. Y la creencia en los ángeles nos fortifica. No olvidemos apelar a este arcángel cuando nos rodeen personas negativas, para que las sane espiritualmente y no permita que sus flaquezas nos debiliten.

Hasta aquí los tres arcángeles que, como les anticipé, son mencionados en la Biblia. Brevemente les haré conocer, a quienes no saben nada sobre él, al arcángel Uriel, nombre que significa "Fuego de Dios". Según la tradición mística hebrea, fue Uriel quien dio a la humanidad la Kabalá o cábala que, entre los judíos, es la tradición oral que explica el sentido de la Sagrada Escritura. ¿En qué nos puede ayudar Uriel?

Fundamentalmente nos da su auxilio para conseguir paz y tranquilidad. Pero otorga gracias también en lo referente al dinero y al trabajo, brindándonos la inspiración para obtenerlos. Asiste los cambios rápidos y los golpes de suerte. Por lo tanto, si nos encontramos ante apremios económicos que nos inquietan y alteran nuestra vida normal, pidámosle a Uriel que nos ilumine con su "fuego", con el calor y la luz que Dios le proveyó. Nos socorrerá y nos traerá el cambio que nos restablecerá la paz perdida.

Finalizo este capítulo con lo prometido: el Ciclo Angélico, tal como he denominado a esta forma simple de invocar a los arcángeles, creada en conjunto con amigos de distintas disciplinas, pero con idéntica fe y amor por los seres de luz.

CICLO ANGÉLICO

Primer paso:
Conseguir 7 velas de los siguientes colores: *azul, amarillo, rosa, blanco, verde, naranja y violeta.*

Segundo paso:
Iniciar la invocación el día domingo y hacerla todos los días hasta el sábado siguiente, de acuerdo con las pautas que detallo a continuación:

Día domingo
Se enciende la vela azul y se invoca a *Miguel* que representa, precisamente, al rayo azul. Se le pide paz y limpieza espiritual en casas, negocios o donde sea necesario, para que elimine toda mala influencia sobre nosotros y los nuestros.

Día lunes
Se enciende la vela amarilla dedicada a *Jofiel*, el arcángel de la iluminación y la sabiduría que protege, en forma especial, a los estudiantes y a quienes realizan tareas intelectuales.
Su color aleja la envidia.

Día martes
Corresponde la vela rosa para el arcángel *Chamuel.*

Su misión es la unión, la reconciliación con nuestros seres queridos. También une a la pareja separada, eliminando rencores y envidias.

Día miércoles
Vela blanca en honor de *Gabriel*, solicitándole protección, orientación en nuestras decisiones sobre cuestiones complicadas y confusas, y ayuda para encontrar el camino correcto.

Día jueves
Vela verde para *Rafael.*
Le pedimos salud para nuestros seres queridos. En caso de enfermedades, o durante un embarazo, se le hacen novenas.

Día viernes
Vela naranja para invocar a *Uriel.*
Le rogamos que nos asista ante adversidades y propicie nuestra victoria. También, que calme a nuestros enemigos.

Día sábado
Para el arcángel *Zadkiel* encendemos la vela violeta.
Le pedimos que nos libere y destrabe cualquier valla que se interponga en nuestro camino.

Puedes cumplir el Ciclo Angélico todas las veces que lo necesites. Incluso, si lo deseas, enciende la vela que corresponda a un arcángel en particular para un pedido concreto.

CAPÍTULO VI

El Ángel de la Guarda

Cualquier ser humano con un profundo desarrollo espiritual puede comunicarse con los ángeles y pedirles ayuda. Pero también aquellos que no poseen tal desarrollo e, incluso, que descreen de lo sobrenatural, están íntimamente ligados a “su” Ángel de la Guarda. Este ser celestial es señalado por Dios para que cuide y vigile a cada uno de los habitantes de este mundo, sin importar sus creencias. Es el custodio, el que tiene a su cargo la misión de conservar y defender a su “protegido” y acompañarlo a lo largo de su camino hacia la eternidad.

Los judíos se refieren a los Ángeles de la Guarda como "fuerzas del bien". Para los griegos eran los *daimon*, mientras que los romanos los denominaban *genius*. El Ángel de la Guarda se presenta en el momento del nacimiento de una persona y, según algunas creencias, lo hace desde el instante mismo de la concepción. A partir de entonces no se aparta nunca de su lado. Está presente, finalmente, cuando le llega la muerte, para facilitarle su ingreso al "otro mundo".

Los invito ahora a repensar lo que hemos dicho respecto de los niños y sus "amigos invisibles". Sin duda, tales amigos no son más que los Ángeles de la Guarda. Es generalizada la creencia de que estos ángeles sólo existen en el mundo infantil. Casi todos recordamos que, en algún momento de la niñez, alguien nos habló de un angelito que nos protegía. Si bien es cierto que esta presencia angelical se hace más manifiesta en esa etapa de la vida humana, por los motivos ya expuestos en el mencionado capítulo, esto no significa que a medida que crecemos el ángel se aparte. Todo lo contrario.

¿Por qué, entonces, no se habla del Ángel de la Guarda de los adultos con la misma frecuencia con que se lo hace en relación con los chicos? La respuesta es muy simple: por prejuicios. ¿A qué me refiero? Para responderles me remito, nuevamente, al libro *Descubre a tu ángel*, de Rubén Zamora:

¿Quién necesita un Ángel de la Guarda cuando está en plenitud de facultades?, nos preguntamos, porque consideramos que sólo los inexpertos y los débiles necesitan de esas muletas mágicas para seguir avanzando por la vida.

Por supuesto, también decimos que eso es cosa de mujeres, porque relacionamos al elemento femenino con la debilidad y la inexperiencia, con la ignorancia y la inocencia.

Al analizar estas expresiones, lo primero que nos llama la atención es que se hace referencia, como si fuesen atributos negativos, a las características propias de la niñez: la magia, la debilidad, la inexperiencia, la ignorancia y la inocencia. Cabe que nos preguntemos: ¿no es soberbia, acaso, creer que, porque somos adultos, no tenemos debilidades y sabemos absolutamente todo lo que se debe saber?

La palabra "soberbia" significa "altivez y apetito desordenado de ser preferido a otros". ¿Sobre quiénes queremos tener primacía? Los que piensan y sienten de esta manera se creen superiores a los "débiles", y engloban en esta condición a los niños y las mujeres. Suponen que porque han obtenido bienes materiales, o están luchando por conseguirlos, son fuertes y no necesitan ayuda alguna. No se dan tiempo para descubrir su pobreza interior, su vivir por y para lo racional, sin comprender que esa conducta los hace vulnerables.

En cambio los niños y, en general, las mujeres, gozan de la percepción íntima e instantánea de una idea o de una verdad, como si se la tuviera a la vista. Esta capacidad, que se conoce como "intuición", les permite comprender y aceptar las cosas sin razonamiento. Los niños, especialmente (y muchas mujeres también) no pierden su tiempo dando argumentaciones sesudas para probar algo. Por eso intuyen la presencia del Ángel de la Guarda y no buscan "razones" para demostrar su existencia. Lo sienten, lo aceptan, lo quieren y se comunican con él.

A pesar de que se ignore al Ángel de la Guarda, él sigue allí, sin importarle la indiferencia, esperando el momento oportuno para revelarse en la vida de su custodiado. Si alguien no abre su alma, dejará este mundo y se habrá perdido la posibilidad de alcanzar la verdadera felicidad. Como el Ángel de la Guarda respeta nuestro libre albedrío, respetará también nuestra decisión de querer o no comunicarnos con él.

Una de las historias que seleccioné para ilustrar este capítulo tiene como protagonista a Pedro, un hombre que vivió en la soberbia hasta que tuvo la experiencia que les contaré a continuación. Esta vivencia lo hizo revisar su posición ante la vida y dejó de considerar "inocentes", "crédulos" o, peor aún, "tontos", a quienes siempre creyeron en un ángel guardián.

Pedro gozaba de una posición económica de privilegio. Era un alto ejecutivo de una importante empresa de Venezuela, en pleno desarrollo por el auge del petróleo. El hecho de haber logrado tan buen nivel de vida lo había vuelto soberbio y presuntuoso. Su esposa sufría por sus actitudes y rogaba a Dios que lo ayudara a cambiar. Sus ruegos parecían no ser escuchados, porque Pedro persistía en su postura. Tenían un único hijo de veinte años al que, como era de esperar, el padre le cumplía todos sus deseos. El joven, de nombre Fernando, poseía su propio automóvil último modelo y disfrutaba de los placeres terrenales.

Un sábado a la noche quería ir a bailar y, como ya estaba cansado de los lugares bailables de Caracas, decidió asistir a una discoteca inaugurada en una localidad cercana. No era mucha la distancia que debía recorrer y, además, como manejaba a alta velocidad, el trayecto se acortaría aun más. Alrededor de la medianoche llegó a la discoteca y bailó hasta muy entrada la madrugada. Cuando decidió volver, eligió otra ruta para hacerlo. Le habían comentado que por ella el viaje sería más breve. Sólo que Fernando no la conocía en absoluto.

Sus padres, mientras tanto, dormían, acostumbrados a las trasnochadas del joven. Súbitamente, poco después de las cinco de la mañana, la mujer despertó sobresaltada y, como presintió que a Fernando lo acechaba el peligro, despertó a su esposo. Éste no hizo caso al presentimiento de su mujer y se volvió a dormir. Como toda madre creyente que teme que a su hijo le suceda algo malo, la de Fernando invocó a su Ángel de la Guarda para que lo protegiera. Le rezó una oración y volvió a conciliar el sueño, a medias recobrada la paz.

Al mediodía siguiente, y durante el almuerzo, el relato de Fernando sorprendió a sus padres. Les contó que cuando volvía por esa ruta desconocida, manejando a la velocidad de costumbre, sintió una voz nunca oída que le decía "¡cuidado!" Sólo por el susto el joven aminoró. Se sintió luego un iluso o un cobarde y volvió a acelerar. Pero ahora la voz fue más nítida. "La curva", oyó el muchacho. Tragando saliva, aminoró notablemente la marcha y, para su sorpresa, se encontró de golpe frente a una curva no señalizada, tan cerrada que, de haberla tomado a la velocidad que traía antes del "aviso", hubiera tenido un accidente fatal. El joven dio mil rodeos antes de contarle esto a sus padres. Temía quedar en ridículo. Pero fue la madre quien lo tranquilizó poniéndose de pie y dándole un beso en la frente. Pedro miraba atónito a su mujer y a su hijo.

La madre comentó, entonces, lo que le había sucedido a ella. Calcularon la hora. Ambos, madre e hijo, habían recibido los "mensajes" al mismo tiempo. El padre, sorprendido y temiendo quedar relegado en su obstinación, se rindió ante la evidencia: el Ángel de la Guarda había impedido que su hijo sufriera daño alguno. Este episodio no cambió del todo a Pedro, pero sin que él lo admitiera, se intensificó su fe y empezó a prestar un poco más de oídos a las cosas del espíritu.

Esta historia me permite explicar cómo actúan los ángeles y cómo podemos pedirles auxilio. Cuando la madre de Fernando despertó y tuvo el presentimiento, acudió a ella su propio ángel para avisarle del peligro que corría su hijo. Al invocar la mujer al ángel protector de de su hijo, no hizo más que poner en comunicación a los dos ángeles custodios: al suyo y al de Fernando. Este último inmediatamente actuó y lo alejó del accidente con su advertencia. Todos podemos lograr esta intercomunicación: es decir, conectar a nuestro ángel con el de cualquier otra persona a la que deseemos ayudar.

Debemos tener conciencia, por otra parte, de que nuestro ángel guardián no puede cambiar nuestro destino en la Tierra. Él sólo nos ayuda para que no lo torzamos y acude cuando ve nuestros desvíos. En el caso del joven Fernando no figuraba en su destino tal accidente, porque de haber estado señalado, habría ocurrido. Su ángel no lo hubiera podido evitar, pero sí podría protegerlo de graves daños.

Este caso que acabo de narrarles es recurrente en la mayoría de los testimonios. No se imaginan la cantidad de relatos que conservo de gente de todas las edades, condiciones y creencias, que se acercaron en mis charlas para ofrecerme sus vivencias. El mayor porcentaje de ellas alude a la aparición del Ángel de la Guarda para "salvarlas" de algún accidente. Ésta es una creencia que, si bien es cierta, no lo es en su totalidad.

El ángel custodio no sólo se manifiesta ante situaciones límite, como catástrofes o accidentes. Acude en circunstancias cotidianas que, por lo general, pasan inadvertidas. Yo, particularmente, había experimentado muchos de esos "acercamientos" de mi ángel guardián y no les había prestado atención. Me di cuenta de ello al comenzar mis investigaciones y, más aún, cuando tantas y tantas personas me revelaron sus experiencias y noté el común denominador. Vayamos a algunos ejemplos:

Damos una respuesta intuitiva en lugar de responder lo que pensábamos y, al pasar el tiempo, descubrimos que salimos beneficiados con el cambio.

Estamos en alguna disyuntiva y, de pronto, aparece una persona inesperada que nos ayuda a resolverla.

Nos percatamos de que hace mucho que no sabemos nada de algún amigo en particular, y ese mismo día lo cruzamos por la calle o, sorpresivamente, nos llama por teléfono.

Nos sentimos solos, desamparados o angustiados sin motivo aparente, y luego nos enteramos de que algo desagradable le sucedió a algún ser querido.

Experimentamos una felicidad absoluta y, en apariencia, no hay una razón especial para tal estado. Algo bueno le sucedió a un ser querido o nos sucedería luego a nosotros.

Caminamos por algún sitio y oímos que nos llaman por nuestro nombre. Miramos y no vemos a nadie, pero percibimos una presencia al lado o detrás de nosotros.

La lista de ejemplos resulta interminable. Les propongo que ustedes agreguen otros que, en su momento, hayan atribuido a la casualidad, a un *déjà vu*, a simples presentimientos o intuiciones.

Los adultos podemos aprender a comunicarnos con nuestro ángel siempre y cuando lo aceptemos como nuestro compañero y guía en este tránsito hacia el Más Allá. Desde mi experiencia personal, a mí se me apareció primero sólo como una luz potente y luego ya como figura antropomórfica, tal como les conté en los primeros capítulos de este libro. Más tarde, al conocer las vivencias ajenas, comprobé las coincidencias. Por lo general suele hacer su aparición de esta manera.

Casi todas las creencias aconsejan “llamarlo” con nuestro propio nombre. Algunos creen que el mismo ángel nos revela su nombre. Otros sostienen que, agregando el sufijo *-el* al final del nombre propio, resulta la denominación de nuestro ángel particular. Cualquiera sea la forma de nombrarlo y cualquiera sea su forma de contestarnos, lo importante es percibirlo.

Beatriz, una mujer clarividente con la que tuve la oportunidad de intimar durante muchos años, me contó su experiencia celestial. Ella se dedicaba al Tarot y sus aciertos eran notables. No lo hacía para sacar provecho material alguno (estaba en muy buena posición económica), sino para satisfacer una necesidad espiritual. Como sus videncias se agudizaban cada vez más, consultó a sacerdotes de distintas religiones, viajó para conocer diferentes lugares sagrados del mundo, se dedicó a estudiar los fenómenos paranormales y aumentó y profundizó su desarrollo espiritual. Meditaba permanentemente y hasta lograba desprenderse de su cuerpo material y elevarse con su espíritu al mundo celestial.

En una de sus meditaciones se le apareció, nítidamente, un ángel que le dijo: "Soy tu Ángel de la Guarda; me llamo Beatrel". Este ángel le señaló que ella tenía condiciones "especiales" para ayudar a la gente. A partir de ese contacto, Beatriz comenzó a incluir en sus meditaciones distintos pedidos para ayudar a familiares, amigos y conocidos. Para su satisfacción y alegría, esas personas le hacían saber la resolución positiva de las situaciones por las que Beatriz había intercedido.

Una de esas "ayudas" tiene que ver con la abuela de un alumno mío y la experiencia difícil que tuvo que vivir al quebrarse la cadera. Por ser una mujer de casi ochenta años, la intervención quirúrgica era sumamente riesgosa. Acudí a Beatriz y le pedí que intercediera. Ella quiso que le precisara la hora exacta de la operación. Así lo hice. Todo salió a la perfección. La señora se recuperó y, al poco tiempo, me dijo que durante toda la operación ella "vio", dentro de la sala de operaciones y a su lado, a una señora mayor que rezaba. No me sorprendí cuando me la describió tal y como es Beatriz. Les aclaro que la abuela de mi alumno nunca conoció a Beatriz, no sabía de sus características físicas y, además, no había desvariado por los fármacos, ya que la anestesia que le suministraron no era total sino local.

El Ángel de la Guarda puede encarnarse en alguna persona para acercarse a nosotros. La clave está en que sepamos darnos cuenta. Para ello dejemos en plena libertad de acción a nuestra intuición y a nuestras sensaciones. Los escépticos atacan la creencia en los Ángeles de la Guarda con el argumento de que, si realmente existen, ¿por qué muere un niño, o alguna persona buena sufre desgracia tras desgracia?; ¿por qué suceden determinados accidentes con víctimas inocentes? Es decir, cuestionamientos similares a los de la existencia de Dios. Las respuestas a estos interrogantes que a todos, alguna vez, nos inquietaron son muchas y variadas.

En general, se relacionan con el *karma* y la reencarnación. El espíritu del ser humano sobrevive al cuerpo material y se eleva al Reino Celestial. De allí puede retornar nuevamente a la Tierra adquiriendo otra forma corporal, para ir purgando los errores de su vida anterior. Este tema polémico y complicado escapa al enfoque de este capítulo, por eso lo dejo para otra oportunidad.

Volviendo al Ángel de la Guarda y a la cita del libro de Zamora que hice al comienzo del capítulo, encontramos en el fragmento la metáfora "muletas mágicas" aplicada a los ángeles protectores. Esta expresión resulta despectiva, y quienes tomen a su ángel como una muleta lo están desvirtuando.

Para cerrar el tema les digo cómo actúo yo con mi ángel: le hablo directamente, como al amigo fiel, confidente e incondicional que sé que tengo siempre junto a mí. Le cuento mis flaquezas y alegrías. Le rezo la oración que me enseñó mi abuela cuando era pequeña. Le invento otras oraciones. Le agradezco, todas las noches, su compañía y le pido que ilumine el camino que debo transitar cada día para no perder el rumbo. Para muchos, esto será inocencia e ingenuidad. ¡Benditos sean si lo fueran!

Les sugiero que, si aún no encontraron a su propio ángel, hagan lo mismo que les acabo de indicar y verán que él estará con ustedes. Se les manifestará. Sólo deben prestar atención y tener fe y la pureza de alma de un niño.

Angel de la Guarda,
dulce compañía,
no me desampares,
ni de noche ni de día.

CAPÍTULO VII

Las funciones o deberes cósmicos de los ángeles

Cada ser humano que habita este planeta tiene una *función* y un *deber* que llevar a cabo. Revisemos los significados de estos vocablos.

Función: *Capacidad de acción propia de los seres vivos y de sus órganos y de las máquinas o instrumentos.*

Deber: *Aquello a lo que está obligado el hombre por sus preceptos religiosos o por las leyes naturales o positivas.*

Analicemos la diferencia existente entre ellos: mientras que en el concepto de *función* está implícita la "capacidad", en el de *deber* está implícita una "obligación". Para desempeñar una función se requiere aptitud, y talento para ejercerla satisfactoriamente. El deber implica una imposición, una exigencia que obliga a cumplir con algo necesaria e ineludiblemente. La relación entre ambos conceptos es: si se tiene una función, se la *debe* ejercer efectivamente. Pero esa función es a la vez un don, un regalo, pero no gratuito. Si Dios me dotó de buena voz, no es para que me infle de orgullo por ello, sino para que alegre con mi canto a mis semejantes.

Si en el mundo cada habitante ejerciera a conciencia su función, estaríamos en el Paraíso, lugar en el que los bienaventurados gozan de la presencia de Dios. Pero no es así. ¿Por qué? Porque el hombre es imperfecto y, como tal, se desvía y comete errores en el cumplimiento de sus funciones.

Desde sus inicios, la Historia Universal nos ofrece ejemplos de imperfección humana, causante de daños físicos y morales, como para apabullarnos. No necesitamos remontarnos al pasado lejano para ejemplificar lo expuesto. Veamos la historia reciente.

El milenio que acaba de terminar se caracterizó por sus atrocidades: dos guerras mundiales, los fundamentalismos, los actos terroristas, las hambrunas, el peor holocausto cometido contra una colectividad (la judía), los totalitarismos con sus secuelas de muertos y desaparecidos El siglo XX quedará señalado, para siempre, como un período contradictorio. Por un lado, hubo la más cruel devastación; por el otro, los increíbles avances científicos y tecnológicos proveyeron al hombre de posibilidades inimaginables.

Aunque la tecnología deba estar al servicio de la humanidad, fue utilizada, muchas veces, para el mal. ¿Qué significa esta desviación? Simplemente que el mal habita en muchos seres humanos. Éstos tienen la mente y el corazón cargados de energías negativas y no se preocupan por limpiarlos. Impiden que el mundo celestial penetre en sus vidas y las mejore, para el propio bien y para el de todos.

En general, el común de la gente vive atribuyendo sus problemas a quienes están por encima de ellos: el empleado culpa al jefe, el docente a su director, los gobernados a sus gobernantes, el hijo a sus padres y así sucede en todas las jerarquías existentes en el mundo. Es posible que el jefe, el director, el gobernante y el padre no tengan la capacidad ni la responsabilidad para desempeñar sus funciones básicas cabalmente. Pero ¿qué hacen el empleado, el docente, el gobernado, el hijo, para paliar la situación?

El culpar a otros de los propios errores o carencias es una forma de escapar a la responsabilidad que tiene cada uno de mejorar día a día. Para que este mejoramiento se produzca, hay que recorrer un arduo camino dentro de nosotros; deberemos hacer una introspección profunda y sincera que nos conduzca a la presencia divina. Sólo el Ser Supremo, por intermedio de sus mensajeros, los ángeles, puede ayudarnos.

Si pretendemos que los ángeles se nos revelen y cooperen con nosotros para vivir mejor, debemos, en primer lugar, curar la conciencia. ¿De qué manera? Erradicando de la mente y del corazón toda la energía negativa. Cuando un pensamiento negativo ocupe nuestra mente, o un sentimiento destructivo haga nido en nuestro corazón, automáticamente, borrémoslo y reemplacémoslo por uno positivo. No es fácil. Se necesita un entrenamiento, pero se logra.

Si pensamos que un proyecto no se va a concretar, con seguridad se frustrará. Si, en cambio, volcamos en él expectativas y deseos positivos, se abrirán las puertas para su concreción. Si somos heridos o lastimados por una persona, en lugar de sentir enojo o deseos de venganza, perdonémosla y pidamos que los ángeles rectifiquen su camino. Tengamos claro que quien hace el mal es porque lo tiene dentro de sí, porque no está limpio. El mal es una expresión externa de lo que anida en nosotros. Es como si quisiéramos que suene bien un clarinete al que hemos atascado con basura. Nada bueno saldrá de él. Si queremos escuchar una bella melodía, limpiemos primero el instrumento que la hará posible.

Tenemos que aprender a expulsar de nuestras vidas dos sentimientos, malos cuando excesivos: el miedo y la culpa. Una dosis de miedo nos enseña desde pequeños a ser precavidos; una dosis de culpa nos enseña a reconocer nuestros errores y a querer remediarlos. Pero en exceso, son tan negativos que nos paralizan y nos impiden avanzar. Ambos nos enferman y no sólo espiritualmente; también afectan nuestro físico. Para eliminarlos debemos transmutarlos, convertirlos.

Otro paso importante para contactarnos con los seres celestiales es examinar nuestra personalidad para descubrir sus fallas. Es difícil, pero obliguémonos a aceptar nuestros defectos: la arrogancia, la obstinación, los celos, la impaciencia, el resentimiento, la baja estima, la falta de honradez, la mentira, por mencionar sólo algunos. Es relevante también revisar los aspectos negativos de nuestra propia vida; necesidades económicas, problemas familiares, mala salud, fracasos profesionales... A veces unos condicionan y dan origen a los otros. Visualizar problemas objetivos y defectos subjetivos nos posibilita revertir ambos. Si no los vemos, no podemos pedir a los ángeles la ayuda precisa. Éstos no se nos acercarán para acompañarnos en la búsqueda de las soluciones apropiadas. Es como si, volviendo al ejemplo anterior, no quisiéramos tomarnos el trabajo de desarmar y limpiar el clarinete, y le pidiéramos a los ángeles su ayuda para ejecutar bien un concierto.

Hecha una introspección que, repito, debe ser profunda y sincera, entreguemos todo ese bagaje a Dios, no ocultemos nada. La luz divina iluminará nuestro interior. Sentiremos la presencia de nuestro Creador, que nos enviará tantos ángeles como sean necesarios para ayudarnos a emerger de las tinieblas. Nuestra vida cambiará por completo. ¿Le parece esto demasiado simple? Le parece bien; es simple en demasía.

Cuando lleguen al final de este capítulo encontrarán un cuadro que me gustaría que completaran con total sinceridad. Los ayudará a reflexionar acerca de sus actitudes y su comportamiento para con los demás.

Hasta ahora hablamos de las funciones y deberes en el mundo terrenal. Ahora veremos las funciones o deberes en el ámbito celestial. En él, los ángeles los desempeñan a la perfección. Tienen la aptitud y el talento que el Creador les proveyó cuando les impuso su rol de intermediarios entre Él y los seres humanos.

Como les aclaro permanentemente, en éste como en otros temas de la angelología, existen distintas versiones. Algunos sostienen que hay que considerar, de acuerdo con sus deberes, veintidós Poderes Causales o Ángeles. Los estudiosos que se ubican en esta posición la fundamentan remontándose al antiguo Egipto. Allí se mostraban estos Poderes a través de jeroglíficos. Uno de los volúmenes de esa procedencia, salvado del incendio de la Biblioteca de Alejandría, contiene la descripción minuciosa de 22 ángeles.

En el capítulo anterior mencioné a Beatriz, mi amiga que, con el Tarot, manifestaba su videncia. Precisamente, el conocimiento rescatado de Egipto fue representado simbólicamente en las 22 cartas mayores del Tarot. Este método de adivinación presenta 78 cartas místicas, y fue descubierto en Arabia por los Templarios, los monjes guerreros destacados en las Cruzadas. Quienes practican el Tarot con honestidad, utilizan las cartas para inspirarse y comunicarse con el Reino Angélico. Invitan por ese medio a los ángeles para que participen de sus vidas. Cada carta representa una palabra clave o una cualidad que se vuelve fuente de inspiración para responder un interrogante, para esclarecer algún hecho o situación, o simplemente, para meditar sobre una cualidad que se desea ver manifestada en uno mismo.

En la astrología esotérica, estos ángeles se encuentran representados por los 12 signos del zodíaco. En la doctrina judía figuran en la Kabalá y se los conoce "como los 22 sonidos producidos por Dios para crear a sus ángeles ayudantes".

A continuación, siguiendo el libro *Los ángeles entre nosotros,* de John Randolph Price, paso a nombrarles los 22 Poderes Causales o Ángeles, considerados en el Antiguo Egipto:

1) El Ángel del Amor Incondicional y la Libertad

2) El Ángel de la Ilusión y de la Realidad

3) El Ángel de la Sabiduría Creativa

4) El Ángel de la Abundancia

5) El Ángel del Poder y la Autoridad

6) El Ángel de la Comprensión Espiritual

7) El Ángel de las Relaciones Amorosas

8) El Ángel del Triunfo y la Victoria

9) El Ángel del Orden y de la Armonía

10) El Ángel del Discernimiento

11) El Ángel de los Ciclos y las Soluciones.

12) El Ángel de la Voluntad y la Fuerza Espiritual.

13) El Ángel de la Renunciación y la Regeneración.

14) El Ángel de la Muerte y el Renacimiento.

15) El Ángel de la Paciencia y la Aceptación.

16) El Ángel de la Materialidad y la Tentación.

17) El Ángel del Valor y la Perseverancia.

18) El Ángel del Servicio y la Síntesis.

19) El Ángel de la Imaginación y la Liberación.

20) El Ángel de la Verdad y la Iluminación.

21) El Ángel de la Palabra Creativa.

22) El Ángel del Éxito.

Cada uno de estos ángeles tiene una finalidad, pero nosotros podemos bloquear su energía con nuestras actitudes. Por ejemplo, el Ángel del Amor Incondicional y la Libertad (el Nº 1) se propone "enseñarnos a actuar sin maldad, con inocencia y sin perjudicar a otros, y funcionar como la fuente desde la que ha de derramarse el Amor Universal…". ¿Cómo impedimos los seres humanos su función o deber cósmico? Simplemente con la "tendencia a juzgar a otras personas y las situaciones basándonos en las apariencias".

Cada ser celestial mencionado anteriormente tiene como misión iluminarnos para:

1) actuar con inocencia, sin maldad;

2) diferenciar lo verdadero de lo falso;

3) dar sabiduría espiritual a nuestra conciencia;

4) distribuir el Amor, la Belleza y el Poder de la sustancia divina;

5) tener capacidad de decisión;

6) desarrollar el nivel de percepción espiritual;

7) elegir correctamente nuestras relaciones;

8) alcanzar nuestros objetivos con determinación;

9) mantener el equilibrio y la imparcialidad;

10) entrenar la mente para la prudencia y el buen juicio;

11) *aceptar los cambios y expandirnos;*

12) *adquirir voluntad mental, determinación emocional y fortaleza física;*

13) *proporcionar energía para la entrega;*

14) *realizar nuestra identidad como seres espirituales;*

15) *confiar en el proceso divino con total aceptación;*

16) *mantenernos "con los pies sobre la tierra";*

17) *lograr tenacidad y constancia;*

18) *servir al mundo y entender dicho servicio;*

19) *ver con nuestro ojo interior;*

20) *buscar la unidad de la naturaleza inferior y la superior;*

21) *liberar la conciencia para que se eleve e ingrese al Reino Celestial;*

22) *poseer la energía necesaria para el éxito en nuestros campos de acción;*

A cada propósito los humanos sin desarrollo espiritual oponen resistencias que traban la concreción de los efectos positivos.

Mi enfoque personal sobre las funciones o deberes cósmicos de los ángeles ha sido planteado desde el comienzo de este libro. Si lo han ido leyendo ordenadamente, capítulo por capítulo, ya han descubierto tales funciones a través de los testimonios citados.

En mis experiencias personales, narradas en los primeros capítulos, los ángeles se me presentaron para cumplir dos funciones distintas. En la primera, actuaron como "mensajeros" para anunciarme que mi hermano y mi cuñada estaban sanos y salvos, permitiéndome una relajación que alivió la tensa espera. En la segunda, intercedieron para el restablecimiento de mi esposo. En este caso la "sanación" fue física, porque mi marido había sufrido un infarto. Sin embargo, también los ángeles sanan espiritualmente, tal como vimos en el capítulo V respecto de Jessica. Ella no padecía un mal en su organismo, sino en su corazón, en su alma, partida por la muerte de su hijo. Los ángeles le ayudaron a cerrar la herida y pudo continuar con su vida. En el capítulo sobre los Arcángeles se precisaron las misiones de cada uno de ellos en particular, pero es necesario resaltar que:

TODOS los ángeles tienen la misión de ayudarnos.

Por lo general, se asocia a los ángeles con aquellas dos funciones: la de "mensajeros" y la de "sanadores", ambas interrelacionadas. Suele suceder que los "mensajes" nos permiten "sanar". Veamos esta interrelación a través de un testimonio.

Cierta vez fui a un pueblo del sur de California a dar una de mis frecuentes charlas. Ésta se llamaba: "Presencias celestiales en nuestras vidas". No tenía grandes expectativas respecto de la concurrencia de interesados; hacía mucho calor y allí no me conocían. Fui invitada por un grupo de oración que, enterado de mis estudios sobre angelología, quiso que transmitiera mis conocimientos a su comunidad. Mi sorpresa fue total ni bien llegué a la sala. No sólo se habían ocupado todas las butacas sino que había gente fuera del local, esperándome. Mi disertación fue seguida con total silencio y respeto. Al finalizar y tras los aplausos del caso, todos se fueron retirando de a poco, saludándome y agradeciendo mi colaboración. Cuando recogía mis carpetas y estaba por abandonar el lugar, una mujer me pidió que habláramos a solas, a la salida. Le dije que sí y me esperó en la puerta. Cuando salí, caminamos juntas unas cuadras hasta la Terminal de Ómnibus. En el trayecto me contó la historia que sigue.

Durante toda su vida, esa mujer había padecido de problemas gastrointestinales. En busca de una solución había recorrido los consultorios de diversos especialistas. Finalmente había dado con una doctora que, durante años, la ayudó a sobrellevar su enfermedad, que tenía una raíz psicosomática. La mujer la visitaba con frecuencia para controlarse y regular la medicación. Un día comenzó a sentir fuertes dolores en el lado derecho del abdomen. Acudió inmediatamente a "su" doctora. Ésta le diagnosticó aerofagia. Le explicó que se trata de una deglución espasmódica de aire, y que era producto de su tensión nerviosa. Le dio un medicamento que, según le dijo, la ayudaría a eliminar ese aire y la haría sentir mejor. Pasaron los días y esta mujer seguía igual o peor. Los dolores se intensificaban.

Volvió a la doctora y ésta seguía sosteniendo su diagnóstico. Desesperada, pidió al Ser Supremo que la aliviara de su dolencia. Una noche, sin poder dormir, caminaba de un lado al otro de su dormitorio, tratando de eliminar el aire que, según su médica, era el causante de su mal. Su esposo dormía y ella caminaba en círculos. No tuvo conciencia del momento preciso en el que se le apareció la imagen de un ser celestial luminoso, que le depositó un rayo de luz al costado derecho del estómago. Inmediatamente, la mujer sintió un agudo dolor (nunca antes experimentado) precisamente en esa parte del cuerpo. Quedó sorprendida y algo atemorizada, como muchos. Pero luego se acostó en silencio. Al poco rato, los dolores eran tan intensos que despertó a su esposo y le pidió que llamara a un servicio médico de emergencia. Ni bien los médicos la revisaron, decidieron internarla. En el sanatorio, luego de hacerle una ecografía, le informaron que su mal estaba en la vesícula, llena de cálculos. Había que intervenir con urgencia y extirpar, para evitar una complicación más grave. Le hicieron los estudios preliminares y sin demora realizaron la intervención. Así salvó su vida. La mujer quedó agradecida al "mensaje" celestial que precipitó el desenlace de su enfermedad. Nunca le había contado nada de aquella aparición a su marido. En medio del calor de la Terminal, le dije que se tomara su tiempo, pero que su obligación era dar testimonio de lo ocurrido. Me prometió (se prometió, más bien) hacerlo.

Esto demuestra que muchas veces uno solicita la ayuda celestial esperando una determinada respuesta. Pero sucede que, a menudo, la respuesta no es la que se pensaba. Por ejemplo, ante un dolor o una enfermedad se pide curación. Sin embargo, la respuesta puede venir de la mano del cambio de un médico por otro que realmente nos mejore. Lo mismo pasa en el plano psicológico o espiritual. Si el mal está en la mente o el espíritu, se solicitan fuerzas para salir de ese estado. El auxilio angelical toma distintas vías: una persona que ni imaginábamos acude a nosotros y nos propone alguna actividad gratificante que sana nuestro padecimiento. O alguien nos regala un libro en el que encontramos esas "fuerzas" solicitadas. Lo importante es estar abierto y dispuesto a recibir ayuda.

Serían muy limitadas las funciones angélicas si sólo se circunscribieran a las dos mencionadas. Los ángeles nos pueden ayudar en todo. Cuando digo "todo", abarco la enorme cantidad de situaciones en las que podemos acudir a ellos. Siempre y cuando hayamos "limpiado" nuestro espíritu y nuestra fe sea auténtica. Por lo general, la gente pide salud, pero puede pedir paz interior, fortaleza espiritual, resolución de problemas. ¿Qué clase de problemas? De cualquier naturaleza: económicos, familiares, laborales, sentimentales. Alguien puede creer que representa una herejía el solicitar la ayuda de los seres bienaventurados para encontrar la solución a un problema sentimental. "Los ángeles no son casamenteros", puede decirse. No es así. Los ángeles no nos quieren ver sufrir, y si un desacierto amoroso produce malos sentimientos, no lo duden. ¡Soliciten su presencia!

En relación, justamente, con los problemas sentimentales, tuve la oportunidad de conocer cómo los ángeles destrabaron la vida amorosa de Blanca, una colega peruana. Nuestro encuentro se produjo cuando ambas asistimos a un Congreso de Literatura realizado en Chile. Ni bien nos conocimos, tuvimos una comunicación emotiva especial. Durante los cuatro días que duró el Congreso, intimamos e iniciamos una amistad que aún perdura. Como nos sinceramos desde el primer momento, hablamos de nuestra creencia en el mundo celestial y de la presencia de los ángeles. Me contó que se había enamorado, siendo muy jovencita, de un abogado un tanto mayor que ella. La familia lo rechazaba porque se decía que era deshonesto y que hasta podía ser violento. Para Blanca, en cambio, no había mejor persona que "su enamorado". Contra viento y marea logró casarse, a pesar de que en el transcurso del breve noviazgo había descubierto en él ciertas actitudes que no le habían gustado. Pero su amor lo cubría y sublimaba todo. "Cambiará", pensaba, y seguía adelante. Luego de diez años de matrimonio y de soportar una situación que para nada la hacía feliz, empezó a deprimirse. Dejó de dar clases, se encerró en su casa y en sí misma. Así comenzó su deterioro. Para intentar salir de ese estado, se volcó por completo a las investigaciones del mundo espiritual y se aferró a sus ángeles. Pensaba que lo celestial podía compensar lo terrenal. Miraba hacia el Cielo sin prestar atención al sendero que transitaba en la Tierra. Como era muy prejuiciosa ni se atrevía a pensar en el divorcio.

Una tarde se hallaba recostada leyendo, en camisón, sin arreglarse (ya casi no lo hacía en su casa), sin esperar a nadie. Sonó el timbre y, al mirar por la ventana, vio a una compañera de docencia, separada de su marido, con la que no tenía más relación que la de colegas. La hizo pasar. La compañera venía a pedirle que la ayudara a completar unos registros de alumnos, formulario que veía ahora por primera vez. Obviamente, Blanca le brindó su ayuda y ofreció el consabido café de cortesía. Luego de completar el trabajo, entablaron una conversación que Blanca jamás hubiera imaginado poder tener con su compañera. Sin saber la especial situación conyugal de la dueña de casa, la visitante le contó los sufrimientos que habían padecido ella, sus hijos y toda la familia antes de que se separase de su esposo. "Nosotras nunca nos queremos divorciar", le dijo la mujer. "Yo vivía rogando a Dios que me alumbrara de algún modo, pero no quería sufrir una ruptura". Pero su situación había llegado a tal extremo que debió tomar la decisión. A partir de ese momento su vida había dado un vuelco favorable. Parecía que una mágica intervención le fuera allanando circunstancias que en principio parecían insalvables.

Siguieron conversando hasta entrada la noche. La mujer, agradecida por la colaboración de

Blanca, se fue poco antes de que regresara el esposo de ésta. Tal encuentro dejó a mi amiga en continua reflexión. Pensó que Dios había enviado a su compañera para ayudarla a tomar una decisión que, en su interior, se venía gestando desde siempre. Pensó, también, por qué Dios había puesto a ese hombre en su camino. Rápidamente desechó el reproche, sintiendo que sería injusto. Ella había tenido manifestaciones concretas como para apartarse de él a tiempo y, sin embargo, había seguido adelante. Los mensajeros divinos habían respetado su libre albedrío y se limitaron a esperar. Hasta que reaparecieron cuando la vieron dispuesta para su liberación. Cuando planteó su voluntad de separarse, comprobó que su esposo alimentaba un deseo similar y que no se atrevía a plantearlo, resolviéndose esta frustración en violencia no física pero sí psicológica.

Blanca se separó e inició una nueva vida. Gracias a Dios le va bien. Hoy es una de las personas espiritualmente más ricas que conozco. Al retomar sus clases y sus estudios, alcanzó un excelente nivel profesional y es reconocida internacionalmente por sus trabajos. No es ésta una apología del divorcio, sino una prueba de que ante cada situación se obtiene la ayuda que uno solicita.

Frente a cualquier problema, invoquen la ayuda divina, aprendan a escuchar su voz interior y sepan esperar. La ayuda, de alguna manera, tal vez la más inesperada, les llegará y podrán resolver sus disgustos y preocupaciones.

Quiero ahora transmitirles un chiste que tal vez conozcan, pero que vale la pena analizar bajo una nueva luz.

Una aldea es cubierta por el desborde de un río. Anegadas de repente, las casas sólo dejan ver sus tejados y chimeneas. Los lugareños han ido evacuando la aldea paulatinamente. Sólo quedan algunos que no quieren abandonar sus casas. Pero también ellos van partiendo. Sólo Juan, el sacristán de la iglesia, subido a la torre de ésta, rehuye la última lancha de refugiados. "Vamos, Juan —le dice el sacerdote; yo mismo parto ahora. No hay nada que hacer". Pero Juan respondía: "No, Dios me salvará". La lancha se fue pero a la hora regresó, a pedido del sacerdote. De nuevo instaron a Juan a subir. "No, no es necesario, váyanse. Dios me salvará", insistía el empecinado. Al caer la tarde se acercó un helicóptero. Por megáfono, le dijeron a Juan que se aferrara de la escalerilla de cuerdas que le lanzaban, pero éste se negó. Dios lo salvaría. En la oscuridad de la noche, Juan resbaló en el tejado, cayó al agua y murió.

Como más allá de su empecinamiento, Juan era un hombre sin mayores defectos y había prestado buenos servicios a la Iglesia, tuvo la fortuna de despertar en el Cielo. Contempló entonces la Faz Divina, pero era tan empecinado que no se le ocurrió más que hacer reproches: "Tú, ¡el Todopoderoso! Hice el bien toda mi vida, cumplí con los Mandamientos, sostuve mi fe diciendo que Tú me salvarías, ¡y me dejaste ahogar!" Entonces, Dios le respondió: "Tú, el ciego. Me pediste que te salvara, te envié dos veces una lancha y una vez un helicóptero, ¡y no quisiste aceptarlos!"

¿Cómo traducir esta enseñanza? Si sólo estamos esperando seres alados y con túnicas para guiarnos en nuestro camino, es posible que perdamos de vista a quienes, con aspecto muy diferente, sean los encargados de acercarnos la providencial Ayuda Divina.

A lo largo del capítulo han ido conociendo las múltiples *funciones* o *deberes* de los ángeles en el Cosmos. También saben que pueden pedirles cooperación para todo lo que deseen lograr, en los distintos aspectos de sus vidas. Es importante, les reitero, que mantengan "limpios" su mente y su corazón y que realicen la debida introspección para detectar fallas de su personalidad. Por ello les propongo que, así como piden a los ángeles, tengan presente, a cada momento, cuáles son sus propias actitudes, sus propias funciones y propósitos para contribuir al bien de los que los rodean. ¿Por qué exigir de ellos lo que nosotros no estamos dispuestos a hacer? Siéntense cómodamente, miren dentro de sí, sean sinceros y completen el siguiente cuadro:

Hacia (Destinatario)	¿Cuál es mi función?	¿Cuál es mi propósito?
Padres		
Parientes mayores		

Hacia (Destinatario)	¿Cuál es mi función?	¿Cuál es mi propósito?
Hermanos		
Autoridades de mi comunidad civil		

Hacia (Destinatario)	¿Cuál es mi función?	¿Cuál es mi propósito?
Esposo (pareja)		
Familiares de mi pareja		

Hacia (Destinatario)	¿Cuál es mi función?	¿Cuál es mi propósito?
Hijos		
Nietos		

Hacia (Destinatario)	¿Cuál es mi función?	¿Cuál es mi propósito?
Amigos cercanos		
Amigos lejanos		

Hacia (Destinatario)	¿Cuál es mi función?	¿Cuál es mi propósito?
Vecinos		
Maestros míos o de mis hijos		

Hacia (Destinatario)	¿Cuál es mi función?	¿Cuál es mi propósito?
Ancianos		
Gente que padece hambre o frío		

Hacia (Destinatario)	¿Cuál es mi función?	¿Cuál es mi propósito?
Niños desprotegidos		
Obras de arte u otro patrimonio de mi comunidad civil		

Hacia (Destinatario)	¿Cuál es mi función?	¿Cuál es mi propósito?
Compañeros de trabajo		
Gente que perdió un ser querido		

Hacia (Destinatario)	¿Cuál es mi función?	¿Cuál es mi propósito?
Animales		
Plantas		

Hacia (Destinatario)	¿Cuál es mi función?	¿Cuál es mi propósito?
Medio ambiente		
Iglesia o comunidad religiosa a la que pertenezco		

Agreguen o reemplacen los destinatarios de acuerdo con sus relaciones cotidianas. Examinen sus funciones. ¿Qué papel tengo yo respecto de este destinatario? ¿Qué puedo hacer por él? ¿Qué desea o espera él que yo haga? Luego, escriban un propósito, comprométanse a una acción concreta. Si tengo esta función *en potencia* es para algo, para que la ejerza, para llevarla *a acto* de determinada manera. Si mi función para con los vecinos es hacer que vivan cómodos y en concordia, tal vez me proponga saludar aún a aquel que no responde del todo bien, darle la bienvenida al que llega a la vecindad, brindarle un sorpresivo pláceme a otro en su cumpleaños o acercarme a compartir un eventual dolor.

Luego de terminar, examinen sus funciones y propósitos y analicen si son correctas y apropiadas para cada destinatario. De lo contrario, comiencen a trabajar para revertirlas. Siempre con el auxilio celestial. Pero no pidamos allá arriba lo que no estamos dispuestos a dar aquí abajo.

CAPÍTULO VIII

¿Cómo invocar a los ángeles?

No hay una forma única de invocar a los ángeles. Tampoco una que sea mejor que otra. Cada ser humano, con el espíritu elevado al Creador y con una auténtica fe en Él, tiene la posibilidad de comunicarse con los seres celestiales. Él mismo sabrá, si logra escuchar su voz interior, cuál es "su" manera más apropiada para hacerlo. Hay quienes les hablan con la confianza y sencillez con que lo hacen con el amigo y confidente. Otros prefieren la concentración que se consigue al elevar una oración.

Personalmente, como soy creyente y en mi fe se considera la plegaria como el camino más directo hacia el Ser Supremo, todos los días dedico un tiempo preciso para hacer mis oraciones. Cuando necesito el auxilio de algún arcángel en particular, le ofrezco una novena. Pero, además, me dirijo a mis ángeles en cualquier momento, con palabras simples y sinceras, como si mantuviera con ellos una conversación. Se produce, entonces, un intercambio como en toda comunicación. En apariencia, sólo en apariencia, hay un emisor (en este caso representado por mí) y un o unos receptores (mis ángeles), con roles perfectamente determinados. Sin embargo, estos roles se intercambian. Mis receptores asumen el rol de emisores cuando me envían sus mensajes, y yo me convierto en su receptor al captarlos. Así se completa un circuito cuyo canal es el espíritu, la parte angelical de mi ser que posibilita dicho intercambio.

Tanto en mis plegarias como en mis charlas con mis seres de luz, nunca olvido agradecerles su presencia y su cooperación. Recuerden: *no sólo hay que pedir, sino también, y muy especialmente, agradecer*.

Sentí la necesidad de incluir aquí un capítulo con las oraciones que utilizo para invocar a mis ángeles. Pueden emplearlas ustedes también o modificarlas de acuerdo con sus propias necesidades espirituales o materiales. Incluso, si se concentran en su ser profundo, nacerán de él sus plegarias personales.

ORACIÓN PARA INVOCAR AL ÁNGEL DE LA GUARDA

¡Oh! Ángel mío, protector y compañero de camino,
no me dejes nunca, no permitas que pierda el rumbo de mi vida.
No me abandones, te lo ruego,
protégeme de los peligros, de los pecados,
no me pierdas de vista ni un instante.
Reanima mi corazón, dale tu fuerza,
fortifica mi espíritu y mi fe.
Necesito que tu compañía me reconforte
hasta el término de esta vida.
Llegado ese momento, condúceme,
junto con todos los Ángeles,
hasta la presencia del Ser Supremo.

ORACIÓN PARA EL ARCÁNGEL GABRIEL

Arcángel San Gabriel,
el gran anunciador,
mensajero de Dios,
ven a mí con tus mensajes
para resolver o afrontar
(se incluye el problema concreto).
Como te presentaste a la Virgen
en Nazareth,
preséntate en mi vida
en este momento de confusión.
Aclara mi mente
y mi espíritu.
Ilumínalos con tu luz
e irradia claridad en ellos.
Propicia la solución de
...
Mi alma alaba y agradece
tu bondadosa intervención.

ORACIÓN PARA EL ARCÁNGEL RAFAEL

Poderoso príncipe de la Gloria,
medicina de Dios,
salud de los enfermos.

Protege mi salud física
y la de mis seres queridos.
Cúrame esta dolencia
(si hay alguna enfermedad propia o de
algún ser querido se menciona).
Limpia mi espíritu
y mantén firme mi fe.
Aleja las enfermedades
del cuerpo y del alma de
(se pronuncia el nombre de quien se quiere
ayudar).
Acude siempre con tu auxilio
al dolido, al solo, al sin esperanza.

ORACIÓN PARA EL ARCÁNGEL MIGUEL

Arcángel Miguel,
tú que luchas incansablemente
contra el mal y los espíritus indignos,
ven a mí,
y ayúdame en mi lucha diaria.
Fortaléceme, no permitas
que debilite el corazón,
que flaqueen las piernas.
Sé mi amparo
contra la perversidad

y las acechanzas del demonio.
Limpia la negatividad
de mi propio espíritu
y del alma de los que me rodean.
Defiéndeme de la maldad ajena.
Sé mi escudo y mi fuerte.
Sé mi aliado.

ORACIÓN PARA EL ARCÁNGEL URIEL

Amado Arcángel Uriel,
poderoso protector,
ayúdame a mí y a mis seres queridos
a conservar sin desvíos
el sendero de la paz,
la armonía y la felicidad.
Haz que nunca nos falte
trabajo y dinero
a mi esposo(a) y a mí.
Protege el bienestar económico
de los míos.
Propicia cambios positivos
en nuestras vidas.
Te doy gracias
por tu abnegación.
Uriel, oye Uriel.

ORACIÓN PARA EL ARCÁNGEL JOFIEL

Arcángel Jofiel, propiciador
de la iluminación y la sabiduría,
envuélveme en tus rayos de luz
y dame la capacidad de dominarme.
Enséñame a manifestar
las ideas que vienen de Dios.
Esclarece mis dudas,
propicia mi desarrollo intelectual y
aumenta, cada día,
mi comprensión y mis conocimientos.
Agradezco tu ayuda,
Jofiel, ¡Rayo de Luz!

ORACIÓN PARA EL ARCÁNGEL CHAMUEL

Arcángel Chamuel,
te agradezco el amor
de mi esposo (a) y de mi familia.
Te pido que me ayudes
a mantener y aumentar
ese amor.
Libérame de enfrentamientos,
de rencores y envidias.
Que esa liberación
me permita vivir en paz.

Fortalece mi adoración a Dios
y que se contagie
a toda mi existencia.

ORACIÓN PARA EL ARCÁNGEL ZADKIEL

Arcángel Zadkiel,
envía tu rayo violeta
para que me ilumine
y aniquile al espíritu maligno.
Manifiéstame el amor divino
que aparta la maldad,
y deshace toda valla interpuesta
a mi felicidad.
Libérame de
(se mencionan los problemas o vallas que se deseen destrabar)
para que no sea esclavo
y en mi espíritu reine
la plena libertad.

ORACIÓN PARA TODOS LOS ÁNGELES

Bienaventurados Seres Celestiales,
mensajeros del Creador,

les doy gracias por irradiar
la Luz Divina sobre el mundo terrenal.
Les pido que ayuden a la humanidad
a encontrar el camino,
a desarrollar su parte angelical,
a lograr una vida sencilla y pura
en que reine la paz.
Iluminen a los espíritus malvados,
erradiquen su mal.
Sea vuelto en bien todo lo oscuro
para el mejoramiento de los errados
y de todos los habitantes del planeta.
Para mí,
(pronuncien su nombre)
les solicito protección,
orientación y calma
para no desviar el camino.
Ayúdenme a mantener sanos y limpios
mi cuerpo, mi mente, mi espíritu,
a progresar en el trabajo
para llevar una vida digna.
Seres de Luz, derramen sobre quien ruega
los ríos de leche y miel de Vuestra protección.
No quiero desmayar, no voy a desmayar
si mi alma implora.
Vuestra mano ya me aferra.
¡Mil gracias por no abandonarme!

ORACIÓN PARA EL SER SUPREMO

Bendito seas, Creador
del Universo Celestial y Terreno.
Te agradezco mi vida
y la de mis seres queridos,
la posibilidad de acercarme a Ti
a través de los ángeles,
los mensajeros propagadores
de tu Amor Incondicional.
Escucha mis ruegos y
acude siempre en mi ayuda.
Permite mi salvación
y mi ingreso a tu Reino.

Mi intención al compartir éstas, mis oraciones, es poder guiarlos por el camino de la comunicación profunda con nuestros ángeles y el Ser Supremo. Deseo que logren la protección diaria y la ayuda con sus intenciones particulares de salud, paz, amor y trabajo. Recuerden que los seres celestiales tienen una misión, impuesta por el Creador: *ayudarnos en nuestras vidas para alcanzar el Reino Celestial*.

No vacilen en solicitar colaboración y, si todavía no hallaron la manera de hacerlo, búsquenla. Cuando la encuentren, lograrán con ella que el amor y la paz reinen en sus corazones.

Instálense en un lugar tranquilo que les permita meditar. Anímense a elaborar sus propias plegarias. Sólo tienen que oír la voz interior. Y la palabra justa aflorará a sus labios.

CAPÍTULO IX

La muerte como inicio de otra vida

La muerte siempre fue, junto con el tiempo, el espacio y los sueños, uno de los misterios que no se explican con la razón. De allí que suscitó y sigue suscitando miedo. La muerte, como un gran umbral hacia lo desconocido, generó todo tipo de especulaciones en cuanto pueblo se levantó sobre la faz del mundo. Para encontrar una respueta satisfactoria a tan inquietante enigma, la imaginación de los seres humanos se excita y elabora las más diversas teorías.

La muerte se convirtió en temática privilegiada de los artistas. Los autores de literatura fantástica, valiéndose de su frondosa fantasía, crean una atmósfera de incertidumbre que envuelve al lector. Éste vacila, entonces, entre una explicación natural o sobrenatural. Como en la vida. También los cineastas han recurrido a la muerte para crear filmes no lúgubres como *All that jazz*, o sobrecogedores como las películas de ultratumba. Todos, de algún modo, atrapan a los espectadores y los hacen meditar sobre "el más allá".

La muerte fue tema central también de la filosofía, abriendo un canal entre los *idealistas* y los *materialistas*. Para unos había algo más, antes y después del mundo perceptible. Para otros, sólo podemos atenernos a lo que atestiguan nuestros cinco sentidos básicos. La muerte para ellos no es el principio de nada y es el fin de todo.

Tal vez el título de este capítulo los sorprenda y piensen: ¿qué tienen que ver con esto los ángeles? Mucho. A lo largo del libro les hablé de que los ángeles nos acompañan desde el nacimiento hasta la muerte y que, cuando nos llega el momento de morir, acuden los seres celestiales para ayudarnos a dar nuestro paso hacia la Eternidad. Sólo les pido que lean sin prejuicios y reflexionen. Volveré a mencionar mi experiencia personal. No creo necesario aclarar que me cito como caso, no como modelo.

Cuando falleció mi papá, asistieron al velatorio mis alumnos y algunos de sus padres. En un momento se me aproximó una madre, me dio un beso y me dijo que luego me iba a obsequiar algo que me ayudaría a sobrellevar la pérdida que, para mí, era irreparable. A los pocos días de reintegrarme a mis clases se presentó esta mujer con un envoltorio. Al verlo, noté que era un libro. Lo abrí y me encontré con *Life after life* ("Vida después de la vida") del Dr. Raymond Moody. La mujer me pidió que lo leyera con el corazón y que acompañara mi lectura con fe.

Como se imaginarán, lo comencé a leer esa misma noche. A medida que avanzaba en sus páginas, me empezó a invadir una paz que hacía tiempo no sentía. Si bien mi entrega total al mundo angélico fue posterior, el texto de Moody me hizo meditar acerca de la vida después de la muerte, y luego ver a ésta ya sin el temor y la desesperación que siempre me había producido. La empecé a sentir como el inicio de otra vida, más perfecta y con mayor sentido que la terrenal.

Noten cómo un ángel se personificó en esta madre para ayudarme a aceptar la muerte de mi progenitor. Más tarde, los Seres Bienaventurados hicieron que mi padre se me apareciera en sucesivos sueños. En cada uno de ellos lo veía totalmente sano, como en sus mejores épocas, y con una sonrisa que transmitía paz. Cuando pude sentirlo nuevamente cerca de mí, no física sino espiritualmente, desaparecieron esos sueños.

La expresión "nadie volvió de la muerte para contarnos cómo es", resume la actitud del común de la gente. Sin embargo, se produjeron en todas partes del mundo muchos casos de personas que, efectivamente, "volvieron del otro mundo" para contárnoslo. Lo veremos a lo largo de este capítulo. Soy consciente de que es un tema controvertido y polémico. Muchos podrán obviarlo. Por algo les pedí que alejen los prejuicios y no apliquen la razón.

Desde Sudamérica me llegó el caso de un hombre que entendió cuál era su *función*, y se forjó un *propósito*. Un periodista de la Argentina, muy reconocido, conductor de uno de los noticieros más serios de la televisión, tuvo un grave infarto y fue declarado clínicamente muerto. Permaneció unos minutos en ese estado, hasta que los médicos lograron volverlo a la vida. Superado el difícil trance, se alejó de la televisión y, paulatinamente, todos se fueron olvidando de él. Al cabo de poco más de dos años, reapareció un día en un programa de entrevistas. La conductora le pidió que contara su experiencia. Este hombre, con una paz y tranquilidad espiritual que antes no manifestaba (era un tanto excitado y nervioso), le contó a la entrevistadora y a todos los televidentes lo sucedido en ese breve período en que había estado muerto. Había sentido que se elevaba hasta el techo de la Unidad Coronaria y, desde arriba, había visto todo lo que pasaba en la sala. Veía su propio cuerpo, acostado, y a todo el equipo médico inclinado sobre él, tratando de reanimarlo. De pronto, entró en una especie de túnel y, a una velocidad increíble, desfilaron ante sus ojos distintas imágenes de sucesos que habían ocurrido en su vida. Casi al final del túnel apareció una luz potente, nunca vista, que lo tomaba de la mano y lo llenaba de paz. Experimentó entonces una sensación tan especial que no podía transmitir en palabras. Sólo afirmaba que no deseaba volver de ese sitio. Pero fue traído nuevamente y, al abrir los ojos y ver el delantal blanco de uno de los médicos, no pudo comprender lo que estaba pasando. Cuando reaccionó y se dio cuenta de que vivía, experimentó una desilusión. Ésta le duró poco tiempo. Luego agradeció a Dios la vida y comprendió que aún no había llegado su hora de partir hacia el otro mundo, al que él ya había conocido.

Luego de esta experiencia, el periodista cambió radicalmente su forma de vivir, modificó su escala de valores, sus prioridades. Dejó de correr todo el día la loca carrera en pos de bienes materiales. Comenzó a desarrollar su espíritu y, por supuesto, empezó sus investigaciones con respecto al tema de la "vida después de la muerte" y de la presencia del mundo celestial en nuestras vidas. En aquel programa confesó que, antes de su experiencia, nunca había creído lo que decían las personas que habían "resucitado". Como periodista había leído libros y escuchado testimonios, pero todo le parecía un desvarío e, incluso, pensaba que esas personas buscaban fama o dinero, especulando con el miedo y la desesperación de la gente ante la muerte. Sólo lo convenció la propia experiencia. Se planteó entonces: ¿cómo hago para que me crean si yo mismo descreía del tema? ; ¿se necesita tener la experiencia personal para creer?

Luego de meditarlo mucho, resolvió que era su deber hablar del "otro mundo", que no debía importarle lo que dijeran o pensaran de él, porque, con seguridad, su "mensaje" podía ayudar a mucha gente a enfrentar la muerte con esperanza y tranquilidad de espíritu. Actualmente da charlas sobre el mundo celestial y los ángeles, publica libros e incluso ha vuelto a la televisión, pero para hablar de estos "fenómenos inexplicables".

Estas experiencias no son únicas y, a poco que uno comienza a investigar, se entera de que el relato del periodista argentino es idéntico al de miles que se animaron a dar testimonio de lo vivido. El mismo Raymond Moody transcribe muchos de ellos y más adelante haré una síntesis de los datos comunes en todos los casos.

Ya Platón, en su obra *Fedón*, hablaba de la inmortalidad del alma. Las principales doctrinas religiosas sostienen que nuestra existencia es un tránsito a la vida eterna, allá, en otra dimensión. No la viviremos con este cuerpo material, pero sí con el espíritu. Si los ángeles son puro espíritu y vienen a este mundo con los mensajes de ayuda celestial, nos podemos preguntar: ¿es nuestro destino final convertirnos en ángeles para ayudar a quienes nos sobrevivan? Algunas creencias afirman que sí. Otras lo niegan. Veamos otro testimonio.

Un día estaba en casa escribiendo y recibo una llamada telefónica (una vez a la semana atiendo directamente yo el teléfono: comprendida mi *función*, me fijé ese *propósito* para con los demás). Era una señora que, enterada de mis trabajos y mis charlas sobre angelología, quería entrevistarse conmigo. Inmediatamente concerté la entrevista. La señora se presentó con un poco de vergüenza. La animé y me dispuse a escucharla. Me contó que su hijo, en ese entonces, un hombre de treinta y seis años, había vivido a los veinte una experiencia que ella creía que me interesaría. Pocos se habían enterado de esa experiencia, y los ecos fueron más bien desfavorables. Luego ya no la comentaron, por los temores que ustedes ya conocen y que ellos vivieron en carne propia.

Dieciséis años antes, el joven había sufrido un terrible accidente automovilístico que lo dejó gravemente herido. Fue internado, entró en coma profundo y estuvo en ese estado casi un mes. Los médicos ya lo habían desahuciado cuando, una noche, sin explicación alguna, abrió los ojos. A partir de allí empezó una lenta recuperación. Ya repuesto, un día le contó a su madre lo que había vivido. Al igual que el periodista del testimonio anterior, se sintió desprendido de su cuerpo y se elevó en la sala de Terapia Intensiva. Desde arriba veía todo lo que pasaba. Observaba cómo sus familiares le hablaban, lo acariciaban y lloraban ante su total inmovilidad. Él estaba bien, pero no podía consolarlos. Penetró también el joven en un túnel, al final del mismo se encontró con una luz potente y, por detrás de ésta, se le aparecieron tres hombres. Reconoció a dos de ellos: su abuelo y su tío, muertos desde hacía tiempo. Al tercero no pudo identificarlo. Los tres lo abrazaron, lo besaron. Lo soltaron luego y atravesaron una especie de puerta luminosa que se cerró tras ellos. El joven intentó seguirlos y quiso abrir dicha puerta. Pero no pudo. Hasta aquí su experiencia.

La madre le creyó y no pensó, como sí lo hicieron otros, en alguna lesión cerebral como consecuencia del accidente. Pasaron unos meses y a ambos, madre e hijo, les había quedado la incógnita de quién era ese tercer hombre. La mujer buscó uno de los tantos álbumes de fotografías familiares que tenía. Se sentó a mirarlo con su hijo. De pronto, el joven se sobresaltó, señaló una foto y le dijo a su madre: "Éste es el tercer hombre que vino a mí".

La sorpresa fue tremenda. Ese hombre era nada menos que un primo de su padre, que había sido elegido como padrino del muchacho pero que no pudo serlo porque una muerte inesperada se lo llevó un mes antes del bautismo. De allí que el joven no lo había reconocido. Para esta mujer, los familiares muertos, convertidos en ángeles, le habían devuelto a su hijo. No le había llegado el momento de ingresar al mundo celestial. Por eso la puerta no se abrió para el muchacho.

En todos los testimonios que he podido recopilar de personas que estuvieron muertas y fueron vueltas a la vida se perciben coincidencias notorias. Hay cuatro similitudes que, con pequeñas variantes, se repiten en unos y otros. Ellas son:

- La especie de túnel en el que se ingresa al abandonar el cuerpo material.

- La aparición de una luz potente que no admite comparación con ninguna de las existentes en este mundo.

- La sensación de paz y armonía interior que los invade.

- El deseo de permanecer en "ese lugar", de no volver a la vida anterior.

No existe explicación científica para este fenómeno. Psicólogos, psiquiatras, neurólogos y toda clase de especialistas afirman que, si una persona es declarada muerta, su función cerebral cesa. Por lo tanto, no se puede pensar en sueños ni alucinaciones, ya que no hay actividad a nivel cerebral.

Sólo se trata de creer o no en lo que nos cuentan quienes lo experimentaron. Yo no trataré de convencerlos porque opino de la misma manera que la doctora Kübler-Ross (otra notable investigadora y autora de libros sobre este tema), según transcribo de una cita que hace Pierre Jovanovic en su libro *¿Existen los Ángeles de la Guarda?*:

—No intente demostrar. Su tarea no consiste en demostrar. La gente que tenga abierto su cuadrante espiritual hallará sus propias verificaciones; los que no tienen nada abierto dirán que usted está loco, que no es un científico o que es un místico. Se burlarán de usted. No convencerá a nadie, absolutamente a nadie.

Efectivamente, no pretendo convencer a nadie; sólo deseo abrir los "cuadrantes espirituales" de mis lectores. Por el bien de ellos. Si se produce la apertura y entran los ángeles en sus vidas, éstas se iluminarán y cobrarán sentido.

De algo estoy totalmente segura: hay que vivir la vida que nos otorgó el Creador con responsabilidad. Se debe ser responsable de cada acto cometido porque, llegado el momento de enfrentar al Ser Supremo, se rinde cuentas de lo actuado. No hay que temer al "infierno", sino a fabricarlo con la vida propia, haciendo el mal y perjudicando a los demás. Sólo el amor redime. Y para dárnoslo están, a lo largo de nuestro recorrido por esta Tierra, los ángeles.

La presencia de los ángeles se manifiesta, también, en las llamadas "visiones pre-muerte". Yo las relaciono y asocio con lo que se ha dado en llamar, vulgarmente, "la mejoría de la muerte". ¿Cuántas veces se ha visto que un paciente moribundo tiene, de pronto, una mejora que nadie puede explicar? Cuando los familiares creen que se salvará, el enfermo muere. ¿A qué se debe esa mejoría? ¿Por qué cambia radicalmente el rostro del muerto?

Antes de morir, su cara reflejaba la tortura del sufrimiento y el temor; ni bien fallece, las facciones se relajan y expresan una paz infinita. Esta transformación del rostro hace que la gente pronuncie frases al estilo de: "dejó de sufrir", "está en paz". Vayamos a un relato esclarecedor.

Este testimonio me llegó a través de un médico colombiano que, luego de estudiar en los Estados Unidos, volvió a su tierra y es director de Terapia Intensiva en un sanatorio de su país. Por su trabajo, está en permanente contacto con la muerte. Durante años vivió experiencias con pacientes, relacionadas con las "visiones pre-muerte". Él las atribuía a "delirios", a perturbaciones de la razón o de la fantasía, provocadas por el estado de gravedad. Comentó con colegas esos "episodios" y encontró coincidencias con lo atestiguado también por algunos de ellos.

Se convenció de que no eran simples "delirios", sino de que se trataba de "algo más", cuando fue su tío preferido el que tuvo tal manifestación. Este hombre padecía un cruel cáncer de páncreas. Llegado al estadio final de la enfermedad, fue alojado en Terapia Intensiva. A su sobrino, precisamente, le tocó asistirlo. Éste le brindaba su amor e intentaba por todos los medios quitar "el horror" que su tío tenía a la muerte. Un horror que, junto con los padecimientos físicos, había convertido su rostro en una máscara deplorable. Se acercaba la muerte y el médico (ya no sólo como profesional, sino también como sobrino) no se apartaba ni un minuto de su lado. Su tío, súbitamente, relajó su cara, sus ojos se iluminaron y, con su voz débil le dijo: "Viene tu madre a buscarme. Está llena de luz. Trae de la mano a un niño dorado". Esbozó una sonrisa, levantó apenas una mano y murió. Su expresión beatífica conmovió primero y luego reconfortó a este médico, cuya madre había fallecido muy joven, cuando él era pequeño. Y quiso creer.

Más impresionantes y conmovedoras aún son las experiencias de este tipo protagonizadas por niños. Transcribo una de ellas.

Una niña agonizaba como corolario de una leucemia. Sus padres, desesperados, pedían a los médicos que la salvaran. No podían aceptar que su pequeña, de tan sólo siete años, los abandonara para siempre. Los profesionales les aconsejaron hacer psicoterapia, pero ellos rechazaron el consejo. Sólo querían a su hija viva. Una tarde, estaban los padres acariciando y besando a su niña, ya inconsciente, cuando de pronto ésta abrió los ojos, se sentó, estiró sus bracitos y exclamó sonriente: "Vienen los chicos con luces a buscarme a jugar". Ni bien terminó de pronunciar estas palabras, la niña se recostó dulcemente y falleció. Los padres comprendieron que su hijita estaba en un mundo mejor, sin sufrimientos y disfrutando de la presencia angelical.

¡Cómo no creer que los seres celestiales, ya sea solos, con su luz divina, o encarnados en nuestros familiares fallecidos, vienen a ayudarnos a dar el paso de una realidad a otra!

Tanto sea en el caso de quienes "vuelven a la vida" como en el de los que parten definitivamente de este mundo, con previas visiones celestiales, hay coincidencias. En ambas situaciones se siente paz y felicidad, porque los que las experimentaron saben que "el más allá" es una recompensa para los padecimientos de esta vida.

Otra coincidencia es que todos los que "volvieron del más allá", sus familiares y los seres queridos de los muertos que tuvieron "visiones pre-muerte", cambiaron, en forma tajante, sus vidas. Reafirmaron su fe, renació en ellos la esperanza, dejaron de temer y de sentir temor por la muerte. Aprendieron a disfrutar de la vida, a aceptar las pruebas que, a diario, se tienen que sortear. ¿Por qué? Porque los alienta una fuerza que sólo el contacto con el mundo celestial puede brindar.

La inclusión de este capítulo tiene por objeto resaltar dos sentimientos fundamentales que recorren todo el libro: la FE y la ESPERANZA.

La fe en la ayuda divina; en el mundo angélico, en que alguien impedirá que desmayemos y será un puente para llevarnos a la otra orilla en nuestros momentos de dolor o desconcierto.

La esperanza de ascender a una vida superior, lejos de las acechanzas del mal, reunidos con nuestros seres queridos e inmersos en la paz verdadera.

Y como me he permitido abrir el libro con un canto de desesperanza, he aquí, para cerrarlo, como si página a página el alma hubiera evolucionado hacia un estado de conciencia superior, otro poema, pero esperanzado.

Se trata de un poema de Amado Nervo, otro exponente de la difícil y sonora lengua de mi madre. Este gran escritor mejicano supo siempre que su destino estaría ligado a la literatura. Refiriéndose a ese impulso mágico que es la poesía, expresó: "Lo de poeta me viene de Dios, y después de mi madre". Su profunda creencia religiosa lo consoló y fortaleció en los momentos de mayor dolor de su vida. Su Ángel de la Guarda lo habrá custodiado y habrá secado su frente. Este poema, revelador de su vertiente mística, tiene un título por demás significativo:

EL MILAGRO

¡Señor, yo te bendigo porque tengo esperanza!
Muy pronto mis tinieblas se enjoyarán de luz.
Hay un presentimiento de sol en lontananza;
¡me punzan mucho menos los clavos de mi cruz!

Mi frente, ayer marchita y oscura, se levanta
hoy, aguardando el místico beso del Ideal.
Mi corazón es nido celeste, donde canta
el ruiseñor de Alfeo su canción de cristal.

Dudé, ¿por qué negarlo?, y en las olas me
hundía,
como Pedro, a medida que más hondo dudé,
pero tú me tendiste la diestra y sonreía
tu boca murmurando: "¡Hombre de poca fe!"

¡Qué mengua! Desconfiaba de Ti, como si fuese
algo imposible al alma que espera en el Señor;
como si quien demanda luz y amor, no pudiese
recibirlos del Padre: fuente de luz y amor.

Mas hoy, Señor, me humillo, y en sus crisoles
fragua
una fe de diamante mi excelsa voluntad.

La arena me dio flores, la roca me dio agua,
me dio el simún frescura, y el tiempo eternidad.

Mi agradecimiento final:

Al Ser Supremo, por enviarme sus mensajes divinos.

A todos mis ángeles, por iluminar mi vida.

A Edward, mi esposo, por posibilitar mi conversión.

Al editor, por confiar en mí.

A Beatriz, mi gran amiga y consejera.

A mi madre, por su fe y su permanente apoyo.

A todos quienes me brindaron sus testimonios desinteresadamente.

A mis posibles lectores, por compartir este libro y la paz de estar, ellos y yo, bajo las alas protectoras de un ser de luz.

BIBLIOGRAFÍA

1) *Biblia, La*, Nácar Colunga, Madrid - 1970.

2) Cooper, Diana: *Vislumbrando a los ángeles*, Errepar, Buenos Aires, 1999.

3)Freeman, Eileen Elias: *Escucha a tus ángeles*, Atlántida, Buenos Aires, 1995.

4) Jovanovic, Pierre: *¿Existen los Ángeles de la Guarda?*, Ed. Océano, Méjico, 1999.

5) Moody, Raymond: *Life after life . The investigation of a phenomenon of bodily death*, Ed. Paperback, 2001.

6) Price, John Randolph: *The Angels within us- Ballantine Books*, 1994.

7) Zamora, Ruben: *Descubre tu ángel*, Edic. Abraxas, Barcelona, 1999.

8) Zamora, Ruben: *Meditaciones con los ángeles*, Edic. Abraxas, Barcelona, 2001.

ÍNDICE

Esta edición de 3.000 ejemplares
se terminó de imprimir en
Encuadernación Araoz S.R.L.,
Avda. San Martín 1265, Ramos Mejía, Bs. As.,
en el mes de abril de 2004.